اردو ادب: کچھ جائزے

(ادبی مضامین)

مرتبہ:

ادارہ پیش رفت (نئی دہلی)

© Taemeer Publications LLC
Urdu Adab : kuch Jaizey *(Literary Essays)*
by: Idara Peshraft
Edition: September '2024
Publisher :
Taemeer Publications LLC (Michigan, USA / Hyderabad, India)

ISBN 978-93-5872-467-7

مصنف یا ناشر کی پیشگی اجازت کے بغیر اس کتاب کا کوئی بھی حصہ کسی بھی شکل میں بشمول ویب سائٹ پر اَپ لوڈنگ کے لیے استعمال نہ کیا جائے۔ نیز اس کتاب پر کسی بھی قسم کے تنازع کو نمٹانے کا اختیار صرف حیدرآباد (تلنگانہ) کی عدلیہ کو ہو گا۔

© تعمیر پبلی کیشنز

کتاب	:	**اردو ادب : کچھ جائزے** (مضامین)
مصنف	:	**ادارہ پیش رفت** (نئی دہلی)
صنف	:	غیر افسانوی نثر
ناشر	:	تعمیر پبلی کیشنز (حیدرآباد، انڈیا)
سالِ اشاعت	:	۲۰۲۴ء
صفحات	:	۷۰
سرورق ڈیزائن	:	تعمیر ویب ڈیزائن

فہرست

(۱)	اردو ادب میں عصری مسائل کی عکاسی	شاہ رشاد عثمانی	1
(۲)	فلسطین کا مسئلہ اور اردو شاعری	تابش مہدی	9
(۳)	اردو شاعری میں شہادت بابری مسجد کی عکاسی	خان حسنین عاقب	14
(۴)	اردو شاعری اور ماحولیات	رفیع الدین ناصر	19
(۵)	افسانہ اور فرقہ واریت	محمد اسرار	23
(۶)	دہشتگردی کا مسئلہ اور اردو افسانہ	ایم مبین	27
(۷)	حیات اللہ انصاری کے فنی اور فکری تشخصات	رضوان احمد	29
(۸)	نئے افسانے میں ماحولیات	اسلم جمشید پوری	34
(۹)	اردو میں تحریکِ آزادی کا شعری بیانیہ	خالد مبشر	39
(۱۰)	متین طارق کے تنقیدی افکار	ابراہیم افسر	42
(۱۱)	غیر مسلم ادبائے فارسی	سید ارشد اسلم	51
(۱۲)	حکیم الامت اور عزیز الحسن مجذوب	فیض قاضی آبادی	54
(۱۳)	اردو غزل میں حمدیہ عناصر	منزہ قیوم	58
(۱۴)	مذہب کلچر اور ادب	حسن رضا	62

اردو ادب میں عصری مسائل کی عکاسی

ڈاکٹر شاہ رشاد عثمانی

ادب زندگی کا آئینہ ہے، ادب اور زندگی کا چولی دامن کا نہیں بلکہ جسم اور روح کا تعلق ہے۔ ادب زندگی سے پیدا ہوتا ہے، زندگی کی ترجمانی کرتا ہے اور زندگی ہی کے کام آتا ہے اور ہمیشہ زندگی کی تعمیر و ترقی میں مشغول رہتا ہے۔ یہی وجہ ہے کہ ہر دور کا ادب اپنے وقت کے حالات، واقعات اور گوناگوں مسائل حیات سے متاثر ہوا ہے اور قلم کاروں کی عظیم اکثریت نے اپنی ادبی تخلیقات میں عصری مسائل، جدید حسیت اور حالات حاضرہ کو بڑی دردمندی اور تخلیقی توانائی کے ساتھ پیش کیا ہے۔ شعر و ادب کے سمندر کو اس پہلو سے کھنگالنے اور دل خراش تصویروں کو نکالنے کی ضرورت ہے اور یہ ہماری ادبی تحقیق کا ایک اہم موضوع ہے۔ برصغیر ہند کی تاریخ میں تین ادوار یعنی ۱۸۵۷، ۱۹۴۷ اور ۱۹۹۲ خاصی اہمیت کے حامل ہیں، جب کہ اس ملک کو اور بالخصوص یہاں کی امت مسلمہ کو ابتلاء و آزمائش کے عظیم سمندر اور آگ و خون کے دریا سے گذرنا پڑا۔ سردست مجھے صرف یہ دیکھنا ہے کہ ان تینوں ادوار کے ہنگاموں میں ہمارا شعر و ادب کتنی شدت سے متاثر ہوا ہے یا ان حالات کی عکاسی میں کیا کچھ حصہ ادا کیا ہے۔

۱۸۵۷ کا واقعہ، جسے تحریک آزادی کی اولین جنگ سے تعبیر کیا جاتا ہے، ہماری قومی تاریخ کا ایک بڑا سانحہ ہے اور یہ ناممکن تھا کہ اتنے بڑے قومی سانحے کے بعد شاعر اپنی اور دوسروں کی سرگذشت نہ سنائے، گرچہ مورخین کا خیال ہے کہ اس کا بیشتر حصہ تلف ہوگیا، تاہم کنہیالال کپور نے اپنی کتاب "محاربہ عظیم" میں ایک شعری اشتہار کا ذکر کیا ہے، چند اشعار پیش خدمت ہیں:

واسطے دین کے لڑنا نہ پیے طمع بلاد
اہل اسلام اسے شرع میں کہتے ہیں جہاد

حق تعالیٰ کو مجاہد وہ بہت بھاتے ہیں
مثل دیوار جو صف باندھ کے جم جاتے ہیں

اس دور کے ایک شاعر منیر کو بغاوت کے جرم میں جب کالا پانی میں دس سال قید کی سزا ہوگئی تو یہ شعر کہا:

نکل کر ہند سے آنا ہوا جب اس جزیرے میں
اسیروں کی سیہ بختی سے کالا ہوگیا پانی

اس ہنگامۂ شور و شر میں امام بخش صہبائی کے پورے خاندان کا صفایا ہوگیا، شیفتہ کی جان پر بن آئی تھی، مگر وہ بچ گئے۔ آزردہ نے کس حسرت سے ان دونوں کا ذکر کیا ہے:

روز وحشت مجھے صحرا کی طرف لاتی ہے
سر ہے اور جوشِ جنوں، سنگ ہے اور چھاتی ہے
ٹکڑے ہوتا ہے جگر جی ہی پہ بن آتی ہے
مصطفیٰ خاں کی ملاقات جو یاد آتی ہے
کیوں نہ آزردہ نکل جائے نہ سودائی ہو
قتل اس طرح سے بے جرم جو صہبائی ہو

مولانا کافی کے بارے میں مشہور ہے کہ جب انھیں قتل گاہ لے جایا جارہا تھا تو ان کی زبان پر یہ شعر تھا:

ہم صفیر و باغ میں ہے کوئی دم کا چہچہا
بلبلیں اڑ جائیں گی سونا چمن رہ جائے گا

امیر مینائی کے دو اشعار دیکھیے، صورت حال کا بھرپور نقشہ ہے:

ہر ایک شہر کا پیر و جوان قتل ہوا
ہر ایک قبیلہ و خاندان قتل ہوا

رہا نہ کوئی جواں اور نہ کوئی پیر امیر
برائے مخبری کے رہ گئے ہیں چند شریر

۱۸۵۷ میں دہلی کی بربادی پر بلاشبہ سیکڑوں شعرانے لکھا ہے، شدت تاثر اور درد والم کی چنگاری اس دور کی تخلیقات میں پوری طرح موجود ہے۔ کلام غالب بھی واقعات غدر کی ٹریجڈی سے خالی نہیں ہے:

گھر سے بازار میں نکلتے ہوئے
زہرہ ہوتا ہے آب انساں کا
چوک جس کو کہیں وہ مقتل ہے
گھر بنا ہے نمونہ زنداں کا
شہر دہلی کا ذرہ ذرہ خاک
تشنہ خوں ہے ہر مسلماں کا

اسی عہد میں حالی نے سچائی اور حقائق پر شاعری کی بنیاد رکھی تھی۔ شبلی نے بھی اپنے عہد کے ملی مسائل اور تاریخ وسیاست کے حقائق کو شاعری کے سانچے میں ڈھالا۔ مسجد کانپور کے واقعے پر ان کی نظم کا یہ شعر اب بھی مشہور ہے:

پہنائی جارہی ہیں عالمان دین کو زنجیریں
یہ زیور سپہ، سجاد عالی کی نشانی ہے

اقبال نے ۱۹۲۱ میں 'خضر راہ' لکھی جو بقول ایک ممتاز نقاد "عالم اسلام کے انتشار اور جنگِ عظیم' کے تاثرات پر ایک دکھے ہوئے دل کی پکار ہے، ایک مفکر شاعر کا عہد نامہ جدید ہے، اس سے پہلے کسی نے اس شدت کے ساتھ جنگ کا اثر محسوس نہیں کیا تھا۔"

اقبال نے ہندستان کے بلکہ ایشیا کے مظلوم انسانوں بالخصوص ملت اسلامیہ کو زوال کی پستیوں میں لے جانے والے اسباب کا حکیمانہ انداز سے اپنی شاعری میں تجزیہ کیا۔ اب تو اردو شاعری کا یہ مزاج بن گیا ہے کہ وہ عصری مسائل سے گہری دلچسپی لینے لگی ہے اور ہمارے فن کاروں کی انگلیاں اپنے عہد کی نبض پر آ گئی ہیں۔ مگر بہت پہلے ظفر علی خان اسی تیور سے مخاطب ہوئے:

کب دبا سکتی ہے اس نعرہ کو توپوں کی گرج
جو بلند آج مراقش سے تو کل شام سے ہے

۱۹۴۷ میں برصغیر کی افسوس ناک تقسیم اور ہندوستان کی آزادی اپنے دامن میں بے شمار مسائل لے کر آئی۔ حالات نے بے شمار انسانوں کو غم واندوہ میں مبتلا کر دیا، اچھے اچھے چہروں پر انسان دشمنی اور نفرت و انتقام کی سیاہی پھیل گئی۔ اس دور میں جب قتل وغارت گری کی آندھیاں چلیں تو اس صورتِ حال پر متعدد فن کاروں نے بڑے درد انگیز پیرائے میں اظہار خیال کیا، مثال کے طور پر جگر مراد آبادی کے چند اشعار ملاحظہ کیجیے:

وہ انساں جسے سر تاج مخلوقات ہونا تھا
وہی اب سی رہا ہے اپنی عظمت کا کفن ساقی
لباسِ حریت کے اڑ رہے ہیں ہر طرف پرزے
بساطِ آدمیت ہے شکن اندر شکن ساقی
کہیں خود حسن ہوجائے نہ قومی ملکیت بن کر
کہیں خود عشق ہوجائے نہ محدودِ وطن ساقی

پھر جگر اپنی ملت کو بیداری اور سرفروشی کا یہ پیام دیتے ہیں:

مطرب وہ کہاں اب بزم طرب تکلیف زدہ پرخار اٹھا
ساقی یہ زمانِ عیش نہیں، شیشہ نہ اٹھا تلوار اٹھا
زنداں میں تو مجھ کو ڈال دیا اے حاکم زنداں تو نے مگر
پرواز جو میری روک سکے، ایسی بھی کوئی دیوار اٹھا

اس زمانہ میں بین الاقوامی سطح پر اشتراکیت کے یک گونہ غلبہ سے ہندوستان کے ترقی پسندوں نے بڑی دلچسپی لی اور اپنی شاعری میں مغربی سامراج کے خلاف غیض وغضب کا اظہار کیا۔ دوسری جنگ عظیم کے جو اثرات دنیا پر پڑے تھے اس کو بھی موضوع بنایا گیا۔ فیض، جذبی، مجروح، کیفی، علی سردار جعفری، جاں نثار اختر، مخدوم محی الدین جیسے شعرانے مظلوم انسانوں کے مسائل کی عکاسی کی۔

یہی وہ دور ہے جب بین الاقوامی سطح پر دوسری جنگ عظیم کے اثرات شدت سے پائے جارہے تھے، ایک تیسری عالمگیر جنگ کا خطرہ

سروں پر منڈلا رہا تھا، عالمی امن، عالمی سطح پر قلم کاروں کی گفتگو کا موضوع بنا ہوا تھا۔ اسی زمانہ میں برصغیر میں اشتراکی اور مغربی مادیت کے بالمقابل اسلام کو عالمی امن کا ضامن سمجھنے والے فن کاروں کا ایک وسیع حلقہ بھی موجود تھا۔ ماہنامہ 'میعار' میرٹھ (اس زمانے میں ادارہ ادبِ اسلامی کا ترجمان تھا) نے 'عالمی امن' کے عنوان سے نظموں کا ایک مجموعہ شائع کیا اور اس طرح اردو کے صاحبِ فکر شعرا کی طرف سے پہلی بار اسلامی نقطہ نظر کا باضابطہ انعکاس ہوا۔ اس مجموعہ میں شامل شعرا کے اسمائے گرامی یہ ہیں۔ فاروق بانسپاری، ابوالمجاہد زاہد، عرشی بھوپالی، سہیل احمد زیدی، انور صدیقی، عنوان چستی، تنویر علوی، منظر اعظمی اور شبنم سبحانی۔ مثال کے طور پر یہاں صرف سہیل زیدی کی ایک نظم کے چند اشعار پیش خدمت کرتا ہوں:

منزلیں بے نشاں، راہ ویران ہے
آج بھی ابنِ آدم پریشان ہے
کتنے ساحل نشیں، ناخدا بن گئے
کتنے بندے اٹھے اور خدا بن گئے
امن کچھ کارخانوں میں ڈھلتا نہیں
امن ڈالر کے بدلے میں ملتا نہیں
امن عالم پیامِ خدائی میں ہے
آشتی حکمت انبیائی میں ہے
راز جس وقت دنیا یہ پاجائے گی
یہ زمیں اپنے محور پہ آجائے گی

جیسا کہ عرض کیا گیا آزادیِ ہند کے بعد سے ہی ملک کی فسطائی جماعت ہولناک فسادات اور نفرت وعداوت کی آندھیوں کا سلسلہ بڑھاتی رہی، جبل پور، جمشید پور، کلکتہ، راور کیلا، رانچی، پھر میرٹھ، ملیانہ، مراد آباد، بھاگلپور، جلگاؤں، بھوپال اور ملک کے مختلف علاقوں میں یکے بعد دیگرے فسادات ہوتے رہے۔ یہ قیامت ملک کے گاؤں گاؤں قریہ قریہ میں مسلسل برپا ہوتی رہی اور حال ہی میں پورے صوبہ' گجرات کے سانحہ نے گذشتہ تمام ریکارڈ توڑ دیے۔ ان تمام حالات سے اردو کے فن کار بے حد متاثر ہوئے اور مختلف اصناف ادب میں اپنے ردِ عمل کا اظہار کیا۔ فاروق بانسپاری کہتے ہیں:

خونِ مظلوم سے آلودہ ہے چپہ چپہ
ہر طرف گنجِ شہیداں ہے غزل کیا کہیے
غیر تو غیر ہے اس دورِ سیہ بختی میں
اپنا سایہ بھی گریزاں ہے غزل کیا کہیے

انجم عرفانی قتل وغارت گری کے مناظر پر محوِ حیرت ہیں:

ہم اپنے گھروں میں ہیں کہ مقتل میں کھڑے ہیں
ہو جائیں گے کب قتل پتا ہی نہیں ہوتا
یہ کیسی عدالت ہے، یہاں کیسے ہیں منصف
قاتل کو جہاں خوف، سزا ہی نہیں ہوتا

فضا ابنِ فیضی اپنی ایک نظم 'زخموں کی زبان' میں یوں نالہ کناں ہیں:

میرے دامن میں تو زخموں کے سوا کچھ بھی نہیں
آنسوؤں، جلتی خراشوں کے سوا کچھ بھی نہیں
اب وہاں سرخ صلیبوں کے سوا کچھ بھی نہیں
خوف میں تیرتے جسموں کے سوا کچھ بھی نہیں
خون کی پیاس کو شعلوں سے بجھانے کی ہوس
آدمیت کے تقدس کو کچلنے کی ہوس

اسی دوران ۱۹۷۶ میں ایمرجنسی کا نفاذ، خوف وجبر کا ایک طویل وحشت ناک سناٹا تھا جس میں حفیظ میرٹھی یوں غزل سرا ہوئے:

آباد رہیں گے ویرانے، شاداب رہیں گی زنجیریں
جب تک دیوانے زندہ ہیں، پھولیں گی پھلیں گی زنجیریں
آج کچھ ایسا طے پایا ہے، حق کے اجارہ داروں میں
ہم پر جو ایمان نہ لائے چنوا دو دیواروں میں

اس صدی کی آخری دہائی میں یعنی ۱۹۹۲ میں سب سے اندوہ ناک واقعہ بابری مسجد کا انہدام تھا، جس کا اصل مقصد یہ تھا کہ مسلمانوں کے حوصلے پست اور جذبات مکمل طور پر مجروح کر دیے جائیں۔ چناں چہ

بابری مسجد کو ظلم کی علامت قرار دے کر اسے منہدم کرنے اور اس کی جگہ مندر بنانے کی زور وشور سے مہم شروع کی گئی۔ ملک کے اکثر حصوں میں ایک بار پھر فسادات اور ہنگاموں کا طوفان امنڈ آیا۔ ۱۹۹۲ میں بابری مسجد کی شہادت کے بعد شعرا نے اس انداز میں اشعار کہے:

اپنے مکاں کو تو ہی بچا صاحب مکاں
کعبہ پہ آج یورش اصحاب فیل ہے
(ابوالمجاہد زاہد)

ملبے کا ڈھیر روک نہ لے سیلِ آرزو
دیوارودر رہیں نہ رہیں حوصلہ رہے
(سہیل احمد زیدی)

موم کی کشتی میں دریا آگ کا کرلیں گے پار
آکے خلوت میں ہمیں یہ مشورہ دیتا ہے کون
(مہدی پرتاپ گڑھی)

شعلوں کی حکومت ہے، چمن زیر وزبر ہے
موسم ہے بہاروں کا، مگر رقص شرر ہے
(عزیز گھروی)

لہو میں غرق ہمارے بدن کو سہل نہ جان
یہ آفتاب ہے اور ڈوب کر نکلتا ہے
(عرفان صدیقی)

کتنا بے رحم ہے وہ آگ لگا کر اس نے
شرط رکھ دی ہے کوئی گھر سے نہ باہر نکلے
(راشد الہ آبادی)

اس طرح کے سیکڑوں اشعار ہمارے سامنے ہیں، نظم وغزل کے یہ چند اشعار بطور نمونہ پیش کیے گئے۔ اب میں اس موقع پر اردو شاعری کی ایک اہم صنف 'نعت شریف' کا بطور خاص ذکر کرنا چاہتا ہوں، جہاں یہ موضوع مختلف پیرائے میں اور بڑے مؤثر انداز میں بیان ہوا ہے، مثال کے طور پر سر دست صرف کلیم عاجز کی نعتوں کے چند اشعار دیکھیے۔

مراد آباد میں جب عید کے دن عین نماز کے وقت عید گاہ میں قتل کا بازار گرم ہوا تو کلیم عاجز نے بادِ صبا کے ذریعے سے یہ پیغام بھیجا:

مدینہ پہنچ کر سرعام کہیو
صبا کملی والے سے پیغام کہیو
یہاں مے کدہ کہتے ہیں قتل گہہ کو
لہو سے بھرے جاتے ہیں جام کہیو
بدلتاہے رنگ آسماں کیسے کیسے
محرم کا اب عید ہے نام کہیو

میرٹھ میں مسلمانوں کا خون بہا کلیم عاجز بارگاہ نبویؐ میں حاضر ہوئے تو اپنی فریاد اس طرح پیش کی:

یہ سر کہ جس کا مول نہ تھا تاجِ قیصری
ہوتا ہے اب فروخت بہت سستے دام پر
اور سستے دام کی بھی ضرورت نہیں رہی
بے دام ہی تراش لیے جاتے ہیں یہ سر
گردن بریدہ، پیرہن و جسم سوختہ
یوں بھی ہم آئے کوچہ و بازار میں نظر
محفل اجاڑ، شمع فسردہ، فضا خموش
بکھری ہوئی پتنگوں کی لاشیں زمیں پر
رب کریم آپؐ کا اور آپؐ بھی کریم
اب درمیان دونوں کریموں کے ہے یہ سر

مختصر یہ کہ ۱۸۵۷ کا غدر ہو یا ۱۹۴۷ کا خوں چکاں واقعہ یا ۱۹۹۲ بابری مسجد کی شہادت کا دلخراش سانحہ۔ اردو کے قلم کاروں نے اپنے تخلیقی عمل سے اپنے ماحول، مسائل اور گرد وپیش کی خوب خوب عکاسی کی ہے اور پوری دل جمعی کے ساتھ عظمت آدم کی پاسداری کے لیے صدائیں بلند کی ہیں۔ آج ساری دنیا میں حق وصداقت کے خلاف محاذ آرائی ہے، ارض فلسطین کے دشت ودامن پچھتر سال سے لہو لہو ہیں، ادھر تین ماہ سے اسرائیلی جارحیت تمام حدود پار کر چکی ہے۔ (اب دس ماہ ہو چکے ہیں، مدیر) گزشتہ دو دہائیوں میں سرزمین عراق وافغانستان،

بوسینیا اور چیچینیا، ہر جگہ جنگ وجدال اور حقوق انسانی کی پامالی ہوتی رہی ہے۔ ان سب کا تذکرہ طوالت کا طالب ہے جس کا ابھی موقع نہیں۔ البتہ صرف فلسطین کے خوں چکاں حالات اور قبلۂ اول کی بازیابی کے تعلق سے گزشتہ نصف صدی کے اردو ادب میں جو عظیم شعری ادب وجود پذیر ہوا ہے، اس کی طرف چند اشارے کرنا ضروری ہے۔

شعرا جو فطری طور پر بڑے حساس اور نازک مزاج ہوتے ہیں، جن کی طبیعتیں حالات سے جلد متاثر ہوتی ہیں۔ انھوں نے فلسطین کے قبضے پر بہت سی نظمیں کہی ہیں۔ چند برس قبل جناب انتظار نعیم نے 'اے ارضِ فلسطین' کے عنوان سے فلسطین پر لکھی سیکڑوں نظموں میں سے ایک انتخاب شائع کیا تھا۔ مجموعہ مرتب کے دیباچے کے ساتھ ۶۴ نظموں پر مشتمل ہے۔ اس مجموعے کی پہلی نظم نعیم صدیقی کی ہے، جس کا عنوان 'یروشلم' ہے۔ ہم یہاں صرف چند نظموں کے اقتباسات پیش کریں گے، جس سے اندازہ ہوگا کہ مسئلہ فلسطین نے اردو شاعری پر کیا کچھ اثر ڈالا ہے۔

علامہ اقبال نے فلسطین کے عربوں سے مخاطب ہو کر ایک نظم کہی تھی:

زمانہ اب بھی نہیں جس کے سوز سے فارغ
میں جانتا ہوں وہ آتش ترے وجود میں ہے
تری دَوا نہ جنیوا میں ہے، نہ لندن میں
فرنگ کی رگِ جاں پنجۂ یہود میں ہے

اقبال نے اہل فلسطین کو خطاب کرتے ہوئے خودی کی پرورش اور لذت نمود کو امتوں کی ترقی اور غلامی سے نجات کا ذریعہ قرار دیا ہے:

سنا ہے میں نے غلامی سے امتوں کی نجات
خودی کی پرورش و لذتِ نمود میں ہے

فیض احمد فیض کی ایک نظم ہے 'فلسطین کے مجاہدوں کے نام' جو جون ۱۹۸۳ میں لکھی گئی تھی، ملاحظہ کیجیے:

ہم جیتیں گے
حقا ہم اک دن جیتیں گے
بالآخر اک دن جیتیں گے
کیا خوف ز یلغار اعدا
ہے سینہ سپر ہر غازی کا
کیا خوف ز یورش جیش قضا
صف بستہ ہیں ارواح الشہدا
ڈر کا ہے کا
ہم جیتیں گے
حقا ہم اک دن جیتیں گے
قد جاء الحق و زھق الباطل
فرمودۂ رب اکبر
ہے جنت اپنے پاؤں تلے
اور سایۂ رحمت سر پر ہے
پھر کیا ڈر ہے
ہم جیتیں گے
حقا ہم اک دن جیتیں گے
بالآخر اک دن جیتیں گے

محسن انصاری، ادا جعفری، ایوب بسمل اعظمی، ف۔س اعجاز، کوثر صدیقی، رفعت سروش، قیصر الجعفری، عرفان جعفری، اسلم غازی وغیرہ کی فلسطین پر نظمیں میرے سامنے ہیں۔ آج بھی فلسطین میں اسرائیل کی وحشیانہ بمباری جاری ہے۔ جس میں ہزاروں بچے اور خواتین شہید ہو چکے ہیں، جس پر ساری انصاف پسند دنیا سراپا احتجاج ہے۔ اردو کے شعرا نے بھی بڑی تعداد میں شعری پیرائے میں اپنا احتجاج درج کرایا ہے۔ اگر ان سب کو جمع کیا جائے تو فلسطین کے مسئلے پر دو تین مجموعے بہ آسانی تیار ہو سکتے ہیں۔ اس پس منظر میں عائشہ مسرور نے 'نئی لوری' کے عنوان سے ایک نم ناک نظم کہی ہے، خیمہ کے اندر ایک ماں اپنے بچے کو لوری سنا رہی ہے:

اے میرے نور عین! جاگ
اے میرے دل کے چین! جاگ
تیرا شفیق باپ تو جنگ میں کام آ گیا

تشنہ دہن کے ہاتھ میں موت کا جام آ گیا
دشت و دمن لہو لہو
سارا وطن لہو لہو
صحن چمن لہو لہو
قوم بچھڑ کے رہ گئی
ساکھ بگڑ کے رہ گئی
مانگ اُجڑ کے رہ گئی

اب آیئے اردو فکشن یعنی افسانہ، ڈرامہ اور ناول کی طرف اس پہلو سے جب ہم ان اصناف کا جائزہ لیتے ہیں تو دیکھتے ہیں کہ فکشن نگاروں نے بھی اپنی تخلیقات میں فسادات، بدامنی، جنگ وجدال، نفرت وعداوت، فسطائیت کے درمیان حقوق انسانی کی پامالی پر بھرپور اظہارِ خیال کیا ہے جیسا کہ پہلے عرض کیا جاچکا ہے کہ تقسیم کے بعد فسادات اور ہجرت نے سیکڑوں مسائل پیدا کر دیے اور معاشی و معاشرتی نظام درہم برہم ہو کر رہ گیا۔ ترقی پسندوں نے خاص طور سے اپنے ناول اور افسانے میں اس لایعنی فسادات اور لوٹ مار کے خلاف آواز اٹھائی۔ اس سلسلے میں کرشن چندر اور سعادت حسن منٹو کو زیادہ مقبولیت حاصل ہوئی۔ بہ قول ڈاکٹر ابن فرید ”کرشن چندر کے مقابلے میں منٹو نے فن کو برقرار رکھنے کی زیادہ کوشش کی، فسادات سے متعلق ان کے مختصر ترین افسانے اردو ادب کے لیے بڑا اہم تجربہ ہیں، ان مختصر ترین افسانوں میں ’سیاہ حاشیے‘ کے نام سے ایک مجموعے کی شکل میں شائع ہوئے۔ منٹو اپنی ذہنی پختگی کی معراج پر ہیں، وہ کم سے کم الفاظ میں بڑے سے بڑا قرطاس پیش کر دیتے ہیں۔ اردو افسانے میں اس طرح کا تجربہ اس سے پہلے نہیں کیا گیا۔“ لیکن خود ڈاکٹر ابن فرید کا ایک افسانوی مجموعہ ’خوں آشام‘ شائع ہوا ہے، جس میں شامل تمام افسانے فسادات کے موضوع پر ہیں اور مصنف کے تعمیری و اسلامی فکر کی بھرپور نمائندگی کرتے ہیں۔ اس طرح چند برسوں قبل زبیر رضوی نے ’فسادات کے افسانے‘ کے عنوان سے ایک افسانوی مجموعہ شائع کیا تھا۔ جو ملک کے ۴۲ معروف و مستند اور معتبر افسانہ نگاروں کے فرقہ وارانہ فسادات پر لکھے افسانوں کا ایک خوب صورت انتخاب ہے۔ سچ تو یہ ہے کہ یہ تمام تحریریں ایک المیہ اور سانحہ بن کر ہر قاری کے دل میں ایک گہری دردمندی کے جذبے کو ابھارتی ہیں۔

اسی طرح اردو ڈراموں میں عصمت چغتائی کے ڈرامے ’دھانی بانکپن‘ میں نہ صرف فسادات سے پیدا ہونے والے ماحول کی دہشت انگیزی کو پیش کیا گیا ہے بلکہ مل جل کر رہنے کا پیغام بھی دیا گیا ہے۔ فیض احمد نے ’لاشیں‘ میں فسادات پر احتجاج کیا ہے، جاوید اقبال کا ’سفر‘ اور قدوس صہبائی کا ’گاؤں واپس جائیں گے‘ بھی فسادات اور ہجرت کے متعلق ڈرامے ہیں۔ خواجہ احمد عباس کا ڈرامہ ’ایٹم بم سے پہلے اور ایٹم بم کے بعد‘ ریوتی سرن شرما نے ’شکست‘ اور ابراہیم یوسف کا ڈرامہ ’طمانچہ‘ قابل ذکر ہے، جس میں عام طور سے جنگ اور مابعد جنگ کے اثرات کو پیش کیا گیا ہے۔ جنگ عظیم ثانی کے موضوع پر لکھے گئے افسانوں اور ڈراموں کے اس ذکر کے بعد ایک اہم ناول کا ذکر بھی ضروری ہے، جس کے متعلق ڈاکٹر ابن فرید لکھتے ہیں:

> ”اردو ادب میں جنگ عظیم ثانی اتنے نمایاں انداز میں ضبط تحریر میں نہ آ سکی، چند ایک ڈرامے اور افسانے ضرور اس موضوع پر مل جاتے ہیں لیکن سید اسعد گیلانی کا ناول ’جہنم کے دروازوں پر‘ کے علاوہ کوئی قابل اعتنا ناول نہیں لکھا گیا۔ اس کی بڑی وجہ یہ تھی کہ ادھر جنگ عظیم ثانی ختم ہو رہی تھی اور ادھر تقسیم ہند کے مسئلے نے شدت اختیار کر لی تھی۔“

یہ سچ ہے کہ جب صبح آزادی کے طلوع کے ساتھ مذہب کے نام پر نفرت، فسادات، درندگی، اور حقوق انسانی کی پامالی کا بھیانک رقص شروع ہوا تو رامانند ساگر نے ’اور انسان مر گیا‘ اور کرشن چندر نے ’غدار‘ جیسے ناول لکھ کر اپنے غم و غصے کا اظہار کیا۔ اب میں صلاح الدین پرویز کے ایک ناول ’دی وار جرنلس‘ کا خاص طور سے ذکر کرنا چاہتا ہوں جو مصنف کی مخصوص و منفرد فکر و آہنگ کا نمونہ ہے۔ یہ ناول دراصل موجودہ عالمی معاشرے کے بحران کے وسیلے سے امن عالم کے پیام کی ترسیل اور اپنے عہد کے ضمیر کی بازیافت کی ایک کام یاب کوشش ہے۔ بقول پروفیسر

گوپی چند نارنگ ''دی وار جرنلس' میں صلاح الدین پرویز کی تحریر کی ساخت کچھ اس طرح ہے کہ ہم عراق، افغانستان، گجرات اور دوسرے الم ناک سلسلوں کو مہابھارت کے اٹھارہ دنوں کے یودھ کے معنیاتی جزر ومد کو اگر Reshuffle بھی کریں، تب بھی ان میں تہہ نشیں پیڑا اور کراہ کا تسلسل قائم رہے گا۔''

اب جب کہ گجرات کی مہابھارت کا ذکر آ ہی گیا ہے تو مناسب معلوم ہوتا ہے کہ اس کے فکری پس منظر پر بھی کچھ اشارے کر دیے جائیں۔جنھوں نے ان مسائل کو جنم دیا ہے۔موجودہ سیاسی و سماجی صورت حال کا ذکر جناب نایاب حسن نے اپنے ایک مبسوط مقالے 'اردو ناولوں میں فسطائیت' کے موضوع پر بہت تفصیل سے کیا ہے۔ یہاں اس کا ایک مختصر اقتباس ملاحظہ فرمائیں:

> ''...ملک کا ایک قابل لحاظ سیاسی ڈھانچہ اور ایک بڑا سماجی حلقہ فسطائی ذہن کا حامل تھا۔ چناں چہ دنیا کی اس سب سے بڑی جمہوریت میں فاشزم کے انفرادی و اجتماعی مظاہرے بار بار ہوئے، کئی شہر اس کی مکروہ علامت بن گئے، کئی حکومتیں کھلے عام فاشزم کی نمائندگی کرتی رہیں۔ پھر یہ ہوا کہ سیاسی و سماجی جبر و استحصال بھی دنیا کی اس سب سے بڑی جمہوریت کا ایک حوالہ بن گیا، عوام حقوق سے محروم کیے جانے لگے۔ ایک بڑے طبقے کی مذہبی شناخت ظلم و زیادتی کی وجہ بن گئی، لو جہاد، گھر واپسی، غدار وطن، دہشت گرد اور ان سے بھی زیادہ شرم ناک پھبتیاں عام ہوگئیں۔ سیاسی ایوانوں سے چلائے گئے زہر میں بجھے فسطائی تیروں نے چن چن کر کم زور ولاچار شہریوں کا شکار کرنا شروع کیا۔قوم پرستی کے جنون نے ملک کی اکثریت کو ہجوم میں بدل دیا اور پھر ہجومی قتل (ماب لنچنگ) کا نہایت سفاک سلسلہ شروع ہوا جو بتدریج معمول کے واقعے میں تبدیل ہوگیا ہے۔''

موجودہ دور کے ان ناگفتہ بہ حالات نے زیادہ تر اہل قلم کو مصلحت اندیش بنا دیا ہے مگر کچھ ایسے جیالے اور بہادر اہل قلم بھی ہمارے سامنے آئے ہیں جنھوں نے سماج و سیاست کو ہمت و حوصلے کے ساتھ آئینہ دکھایا ہے، ایسے ناول نگاروں میں ایک اہم نام مشرف عالم ذوقی کا ہے، 'آتش رفتہ کا سراغ' ان کا ایک ضخیم ناول ہے، جس کے اندر ملک میں پنپنے والی نفرت، فرضی انکاؤنٹر، دہشت گردانہ دھماکوں میں مسلم نوجوانوں کی گرفتاری اور سماجی سطح پر پھیلائی گئی فرقہ واریت کو بڑی مہارت سے پیش کیا ہے۔ اسی طرح ۲۰۱۹ء میں شائع ہونے والے ذوقی کے ناول 'مرگ انبوہ' کو بڑی مقبولیت حاصل ہوئی، جس میں ہندستانی مسلمانوں پر بیتنے والے سانحات کو تفصیل سے بیان کیا گیا ہے۔ رحمان عباس کا ناول 'نخلستان کی تلاش' ۲۰۰۴ء میں شائع ہوا تھا، اس ناول میں بھی سماجی و سیاسی فسطائیت کے نتیجے میں برپا ہونے والے فسادات، کشمیر میں پھیلتی بدامنی، بابری مسجد کا سانحہ، ممبئی دھماکوں اور مسلم نوجوانوں کے بدلتے ذہنی احوال کو موضوع گفتگو بنایا گیا ہے۔ آپ کا ایک ناول 'روحزن' بھی بہت مشہور ہوا ہے، جس پر ۲۰۱۸ء کا ساہتیہ اکادمی ایوارڈ بھی ملا تھا جس کی اصل کہانی بنیادی طور پر ممبئی، اس کے مضافات کی ہنگامہ خیز زندگی اور طوفان ابر و باد سے نکلی ہے۔ عبد الصمد ہمارے عہد کے معروف و مقبول ناول نگار ہیں۔ ان کا مشہور ناول 'دو گز زمین' جس پر ساہتیہ اکادمی ایوارڈ ملا، تقسیم ہند اور مہاجرت کے المیہ پر مبنی ہے۔ ان کا ایک ناول 'اجالوں کی سیاہی' مسلم معاشرے سے جڑی بعض خامیوں اور اکثریتی طبقے کی فسطائی ذہنیت سے اس کی کش مکش پر مرکوز ہے۔ اس ناول میں انھوں نے خاص طور سے لو جہاد جیسی متعصبانہ سیاسی تعبیر، سماجی اثرات اور مسلم نوجوانوں کے گھرانوں کو جن اندوہ ناک نتائج کا سامنا کرنا پڑتا ہے۔ انھیں بہت تفصیل سے بیان کیا گیا ہے۔

موجودہ دور میں دوسرے چند ناول اور بھی ہیں، جن میں عصری سیاسی و سماجی مسائل پر تخلیقی اظہار ہوا ہے۔ مثال کے طور پر صدیق عالم کا 'مرز بوم'، ترنم ریاض کا 'برف آشنا پرندے'، آصف زہری کا 'زباں بریدہ'، محمد علیم کا 'میرے ناولوں کی گمشدہ آواز'، حسین الحق کا 'اماوس میں خواب'، شموئیل احمد کا 'مہاماری' اور غضنفر کا 'پانی' اور سلیم خاں کا ناول 'ہمزاد و جیتو' جلاد وغیرہ جیسے ناولوں میں عصری مسائل کو محسوس کیا جاسکتا ہے۔ آزادی کے بعد لکھے گئے۔ اردو ناول میں لکھے جانے والے فسادات

اردو ادب: کچھ جائزے (مضامین) 13 مرتب : ادارہ پیش رفت

وہجرت کے حادثات اور گزشتہ ایک دہائی میں رونما ہونے والے فسطائیت کے سنگین حالات پر تفصیلی گفتگو کے بعد اب کچھ آزادی سے پہلے کے واقعات کا ذکر بھی ضروری ہے، جس نے ہندستانی سماج میں حقوق انسانی کی پامالی کی، وہ ظلم و جبر پر مبنی زمین داری، تعلق داری اور جاگیرداری کا نظام تھا۔سماج کے کم زور طبقوں خصوصاً عورتوں، بچوں، مزدوروں اور کسانوں کے ساتھ ظلم وزیادتی، غیر انسانی سلوک، گھٹن اور استحصال کے موضوع پر بھی کثرت سے ناول لکھے گئے۔ قاضی عبد الستار نے 'شب گزیدہ' اور انور عظیم نے 'دھواں دھواں سویرا' میں اس شکست و ریخت کو موضوع بنایا اور فیوڈل سماج کے رشتوں اور قدروں پر کاری ضرب لگائی۔قرۃ العین حیدر کے ناول 'میرے بھی صنم خانے' میں اسی نظام کے ٹوٹنے اور بکھرنے کی صدا سنائی دیتی ہے۔جیلانی بانو نے اپنے ناول میں حیدرآباد کے جاگیردارانہ نظام کے زوال کی داستان تیکھے احساس کے ساتھ بیان کی ہے، اور وہ اس نظام میں رائج ہر طرح کے استحصال کے خلاف احتجاج بلند کرتی ہیں۔

مختصر یہ کہ بیسویں صدی کے آغاز کے ساتھ ہی دنیا نے نہ صرف دو جنگ عظیم کو دیکھا بلکہ اس کے ساتھ ہی بم کے دھماکوں سے آبادیوں کی مسماری، فوجیوں کے بوٹوں کے نیچے تمام اخلاقی و معاشرتی قدروں کی بے دردی سے پامالی، زندگی کی ناقدری، قتل و غارت گری، فسادات، ہجرت، عورت کا بہیمانہ استحصال اور بچوں کا قتل، یہ سب اتنے بڑے سانحے تھے، جنھیں اردو ادب کے قلم کار کیسے نظرانداز کرتے، چناں چہ انھوں نے اپنی کاوش فکر و تخلیق سے نہ صرف معاصر مسائل کی بہترین عکاسی کی بلکہ اپنے عہد کے حالات و واقعات کی ان تصویروں کو زندہ جاوید بنا دیا۔ ■

فلسطین کا مسئلہ اور اردو شاعری

ڈاکٹر تابش مہدی

مسئلۂ فلسطین ملّتِ اسلامیہ کا ایک اہم اور حساس مسئلہ ہے۔ اس کا تعلق کسی ایک خطے، قریے یا رنگ و نسل سے نہیں، بل کہ دنیا کے تمام مسلمانوں سے ہے۔ یہ مسئلہ بنیادی بھی ہے اور سیاسی بھی۔ یہ مسلمانانِ عالم کا ایک ایسا اہم اور حساس مسئلہ ہے، جس کے تانے بانے ملّتِ اسلامیہ کے دوسرے مسائل سے بھی ملے ہوئے ہیں۔ اسے محض اہلِ فلسطین کا مسئلہ سمجھ کر آگے گزر جانا یا اسے محض فلسطینیوں یا عربوں کا اپنا مسئلہ کہہ کر اس سلسلے میں خاموشی اختیار کر لینا، ایمانی غیرت وحمیت کے منافی ہے۔ سچّی بات یہ ہے کہ یہ عالمِ اسلام کا مسئلہ ہے۔ دنیا کا ہر مومن و مسلم اس کا مخاطب ہے۔ خواہ اس کا تعلق مشرق سے ہو خواہ مغرب سے یا جنوب و شمال سے۔

ارضِ فلسطین سے عالمی اسلامی برادری کے کئی تقدسات وابستہ ہیں۔ اس کی سب سے پہلی عظمت و رفعت یہ ہے کہ یہ مسلمانوں کا قبلۂ اوّل ہے۔ یہیں بیت المقدس اور مسجد اقصیٰ واقع ہے۔ تاریخ و سیرت کے مطالعے سے معلوم ہوتا ہے کہ لیلۃ المعراج میں نماز پنج گانہ کی فرضیت کے حکم کے بعد، ہجرت مدینہ سے تین برس پہلے اللہ کے آخری رسول حضرت محمد مصطفیٰ صلی اللہ علیہ وسلم اور آپ کے تمام صحابہ کرام رضی اللہ عنہم نے چھے ماہ تک بیت المقدس مسجد اقصیٰ کی طرف رخ کر کے نمازیں ادا کی ہیں۔ پھر اللہ تعالیٰ کی طرف سے تحویلِ قبلہ کا حکم آیا تو مکہ مکرمہ میں واقع مسجد حرام کعبۃ اللہ کی طرف رخ کر کے نمازیں ادا کی جانے لگیں۔ یہ سلسلہ اب تک جاری ہے اور قیامت تک ایسا ہی رہے گا۔

ارضِ فلسطین کی اہمیت و تقدس کی دوسری وجہ یہ ہے کہ یہ اسراو معراج کی سرزمین ہے۔ یہیں پر شبِ معراج میں اللہ کے محبوب حضرت محمد مصطفیٰ صلی اللہ علیہ وسلم کا زمینی سفر مکمل ہوا تھا۔ اس کے بعد آسمانی سفر شروع ہوا تھا۔ معراج کا سفر مکّہ مکرمہ کی مسجد حرام سے شروع ہوا تھا۔ اس کی درمیانی منزل مسجد اقصیٰ تھی۔ معراج رسول کا یہ سفر حکمتِ ربّانی اور فیصلہ الٰہی سے پیش آیا۔ تاکہ اللہ کے آخری رسول صلی اللہ علیہ وسلم، وہاں دوسرے انبیا و رسل سے ملاقاتیں کریں اور ان کی امامت فرمائیں۔ اسی نسبت سے تمام صحیح العقیدہ مسلمان آپ ﷺ کو امام الانبیا کے مبارک لقب سے یاد کرتے ہیں۔

سرزمین فلسطین کی اہمیت و برگزیدگی کی تیسری بڑی وجہ یہ ہے کہ یہاں پر واقع مسجد اقصیٰ کو اللہ کے حبیب اور آخری رسول حضرت محمد مصطفیٰ صلی اللہ علیہ وسلم نے عظمت و تقدس میں تیسرا درجہ دیا ہے۔ پہلا درجہ مکہ مکرمہ کی مسجد حرام خانہ کعبہ کو حاصل ہے، دوسرا مدینہ منورہ میں واقع مسجد حرامِ نبوی کو اور تیسرا ارضِ فلسطین پر واقع مسجد اقصیٰ بیت المقدس کو۔

مذکورہ بالا اور ان کے علاوہ دوسری بہت سی خصوصیات اور اہم نسبتوں کے ساتھ یہ بھی ایک حقیقت ہے کہ یہ سرزمین ہمیشہ سے مختلف نشیب و فراز سے گزرتی رہی ہے۔ مخالفین اسلام اور شرپسندوں کی نگاہوں میں کانٹے کی طرح کھٹکتی رہی ہے۔ ہمیشہ اور ہر دور میں ایسا کوئی نہ کوئی طبقہ موجود رہا ہے، جو اس کے تقدس کو ختم کرنے اور اسے بیخ و بن سے ختم کرنے کے درپے رہا ہے۔ سب سے پہلے عیسائیوں نے اسے اپنی چشم بد کا نشانہ بنایا اور لمبے عرصے تک اسے نقصان پہنچانے کی اپنی سی کوششیں کرتے رہے۔ اللہ جل مجدہ نے مجاہد اسلام صلاح الدین ایوبی رحمۃ اللہ علیہ کو پیدا کیا۔ اُس مردِ جری نے ساری عیسائی طاقتوں کو پسپا کر دیا اور یہ سرزمین پورے طور پر مسلمانوں کی تحویل میں آگئی۔ کم و بیش نوّے (۹۰) سال تک مسلمانوں کے ہی نظم و انصرام میں رہی۔ شیطان کی خصوصی مدد اور مسلمانوں کی کسی وقتی چوک کی وجہ سے یہ پاک سرزمین پھر عیسائیوں کے ناپاک ہاتھوں میں آگئی۔ لیکن کچھ دنوں کے بعد مسلمانوں نے جدّ و جہد

کر کے اسے اپنی تولیت میں لے لیا۔ افسوس کہ مسلمانوں کی غفلت اور عالمی اسلامی برادری کی کسی قدر بے توجہی کی وجہ سے اس وقت یہ پاک ومقدس سرزمین عہدِ حاضر کے سب سے بڑے سازشی اور عیار گروہ یہود کے قبضے میں ہے۔ یہ گروہ طرح طرح سے اسے نقصان پہنچانے کے درپے ہے۔ بل کہ اس کی کوشش تو یہ ہے کہ مسجد اقصیٰ کو سرے سے نیست و نابود ہی کر دیا جائے۔ آئے دن کے پیش آنے والے حالات و واقعات سے یہی پتا چلتا ہے۔ چناں چہ وہ مسلسل اپنے ناپاک مشن میں لگا ہوا ہے اور جو مسلمان وہاں آباد ہیں، ان پر برابر مظالم، سفاکیاں اور قتل و غارت گری کا سلسلہ جاری ہے۔

مسجد اقصیٰ، بیت المقدس یا فلسطین کو موضوع بنا کر مختلف انداز و اسلوب میں دردمند مسلمان، ان کے علما و دانش ور اور شعرا و اُدبا ہمیشہ لکھتے اور بولتے رہے ہیں۔ یہ کام ہر زبان میں ہوا ہے اور ہو رہا ہے۔ اردو کے ادیبوں اور شاعروں نے بھی اس سلسلے میں بہت کچھ لکھا ہے۔ خصوصاً شاعروں نے مختلف پیرایوں میں اس کی اہمیت کو واضح کیا ہے اور وہاں ہونے والی ناانصافیوں اور فتنہ پردازیوں کی مذمّت کی ہے۔ ان کے تفصیلی ذکر کے لیے دفتر درکار ہے۔ کسی ایک مضمون یا مقالے میں انھیں نہیں سمیٹا جا سکتا۔

مسئلہ فلسطین پر حکیم مشرق علّامہ اقبال کا یہ شعر ہمیں ان کی عالمی و تاریخی فکرمندی کی طرف متوجہ کرتا ہے:

ہے خاکِ فلسطین پہ یہودی کا اگر حق
ہسپانیہ پر حق نہیں کیوں اہلِ عرب کا

اقبال کے اس شعر سے سرزمین فلسطین پر یہودیوں کے ناپاک عمل دخل پر فکرمندی کا بھی اشارہ ملتا ہے اور عالمِ عرب کی وسعت واہمیت کا بھی۔ حقیقت یہ ہے کہ اس ایک شعر میں حضرت اقبال نے ایک ضخیم کتاب کا لوازمہ سمیٹ دیا ہے۔

احمد ندیم قاسمی ہمارے عہد کے نام ور اور وسیع الفکر شاعروں اور دانش وروں میں تھے۔ گرچہ وہ ایک ترقی پسند ادیب و ناقد اور شاعر و کالم نگار کے طور پر جانے جاتے رہے، لیکن ان کی شاعری میں ہم اسلامی فکر و فلسفہ پوری تابانی کے ساتھ دیکھتے اور محسوس کرتے ہیں۔ کتنا حسین و دل کش ہے ان کا یہ شعر:

ایک بار اور مدینے سے فلسطین میں آ
راستا دیکھتی ہے مسجد اقصیٰ تیرا

یہ احمد ندیم قاسمی کی ایک نعت کا شعر ہے۔ اس سے ذاتِ رسالت مآب صلی اللہ علیہ وسلم سے ان کی قلبی وابستگی کا بھی اندازہ ہوتا ہے اور ارضِ فلسطین کے تئیں ان کی حساسیت اور دردمندی کا بھی۔ وہ حساسیت اور دردمندی جو ایک سچے اور پکے مسلمان کے ہاں ہونی چاہیے۔

فیض احمد فیض کو بھی ہم ایک ترقی پسند ادیب و شاعر کے طور پر جانتے ہیں۔ لیکن فلسطین سے متعلق جب ہم ان کے یہ اشعار پڑھتے ہیں تو آنکھیں روشن ہو جاتی ہیں:

جس زمیں پر بھی کھلا میرے لہو کا پرچم
لہلہاتا ہے وہاں ارضِ فلسطیں کا علم

تیرے اعدا نے کیا ایک فلسطیں برباد
میرے زخموں نے کیے کتنے فلسطیں آباد

فیض احمد فیض نے فلسطین سے متعلق کئی طویل نظمیں بھی کہی ہیں۔ اس موضوع پر ان کی ایک لوری بھی ہے۔

جناب نعیم صدیقی کو گرچہ ایک سیرت نگار کی حیثیت سے اسلامی حلقوں میں زیادہ جانا جاتا ہے، لیکن وہ ایک خوش فکر اور قادرالکلام سخن ور بھی تھے۔ انھیں غزل گوئی اور نعت و منقبت میں بھی درجہ کمال حاصل تھا اور نظم نگاری میں بھی۔ ان اصناف میں ان کے متعدد مجموعے شائع ہوئے اور سب کو غیر معمولی مقبولیت حاصل ہوئی۔ ہند و پاک کی بہت سی نصابی کتابوں میں بھی ان کی تخلیقات ملتی ہیں۔ مسئلہ فلسطین بھی ان کی سوچ اور فکر کا اہم موضوع رہا ہے۔ اس سلسلے میں رسائل و جرائد میں ان کی بہت سی چیزیں شائع ہوتی رہتی تھیں۔ ان کی ایک مثلث نظم 'یروشلم' بہت

مشہور ہے۔ نظم کا آغاز اس دردانگیز بند سے ہوتا ہے:

لہو اُگل رہا ہے آج میرا پُر فسوں قلم
شکستِ آرزو کا کیا فسانہ ہو سکے رقم
خیال پُرزے پُرزے ہیں، کروں میں کس طرح بہ ہم
یروشلم، یروشلم

معراجِ رسول صلی اللہ علیہ وسلم سے سرزمینِ مقدس کی نسبت کا اظہار کرتے ہوئے کہتے ہیں:

یہیں سے ہو کے عرش کو سواریِ نبی گئی
ابھی تک ان فضاؤں میں ہے اک مہک بسی ہوئی
یہاں کی خاک پر ٹکے براقِ نور کے قدم
یروشلم، یروشلم

نمازِ بے مثال یاں، وہ کی گئی ہے اک ادا
بہ اقتدائے مصطفی حبیبِ خاص کبریا
کھڑے تھے اک قطار میں، ملا کے انبیا قدم
یروشلم، یروشلم

سرزمین پاک و مقدس پر یہودیوں کے ناپاک عمل دخل پر اظہارِ تاسف و غم کرتے ہوئے فرمایا:

تسلّطِ یہود یاں رہے، نہیں کبھی نہیں
یہ ظلم ایسا ظلم ہے کہ جس کی تاب ہی نہیں
میں دیکھتا ہوں آج پھر صلاح دین کا علم
یروشلم، یروشلم

نظم کے آخری بند میں عالمی اسلامی برادری کے عزائم اور حوصلوں کا اظہار اس طرح کیا ہے:

پھر ایک بار آئیں گے، یہ جاں نثار آئیں گے
اجل کے دوش پر سوار شہ سوار آئیں گے
بہ صد وقار آئیں گے، ترے وقار کی قسم
یروشلم، یروشلم

بیسویں صدی کے نصف آخر کے مقبول ترین شاعر جناب حفیظ بنارسی نے فلسطین کے مظلوم و ستم زدہ بھائیوں کو اس طرح مخاطب کیا ہے:

اے مردِ جری، دولتِ ایماں کے نگہباں!
اے ارضِ فلسطین کے جاں باز مسلماں!
ہاتھوں میں اٹھائے ہوئے ایقان کی تلوار
تو دشمنِ اسلام سے ہے برسرِ پیکار

آگے چل کر حفیظ بنارسی نے اہلِ فلسطین کو عزم و ہمت کی دعوت دیتے ہوئے ان کی غیرتِ ایمانی کو یوں مہمیز کیا ہے:

ہے فتح و ظفر تیری، تو ہمت کو جواں رکھ
کچھ اور بلند اپنے عزائم کے نشاں رکھ
منظور نہ کر قوتِ باطل کی غلامی
تو مردِ مجاہد ہے خدا ہے ترا حامی
صہیونی ارادوں کو تو مٹّی میں ملادے
کیا حق کی تب و تاب ہے دنیا کو دکھادے

جناب قیصر الجعفری سے کون واقف نہیں ہے۔ انھوں نے علم اور قلم دونوں سطحوں پر اردو برادری کو متاثر کیا ہے۔ سیرتِ رسول صلی اللہ علیہ وسلم پر ان کی منظوم کتاب 'چراغِ حرا' ان کے فکر و فن کا وہ شاہ کار ہے، جو اسلامی ادب کی دنیا میں انھیں تادیر زندہ رکھے گی۔ مسئلہ فلسطین پر ان کا یہ ایک شعر ان کی صحیح اور مثبت سوچ کی نمایندگی کرتا ہے:

کھلیں گے مسجدِ اقصیٰ کے بند دروازے
تمھاری ساری خدائی خدا کی زد پر ہے

جناب رفعت سروش گزشتہ صدی عیسوی کے نصفِ آخر میں مقبول ترین شعرا میں شمار ہوتے تھے۔ وہ نظم و نثر دونوں پر یکساں قادر تھے۔ دونوں ہی اصناف میں وہ مسلسل لکھتے رہتے تھے۔ موضوع اور موقع

کی مناسبت سے وہ جب بھی کوئی نظم یا مضمون لکھتے تھے، اسے اہمیت دی جاتی تھی۔ لوگ بڑی توجہ کے ساتھ پڑھتے تھے۔ ان کی کئی درجن کتابیں لائبریریوں اور کتاب خانوں کی زینت بنی ہوئی ہیں۔ گرچہ ان کا تعارف ایک ترقی پسند ادیب و شاعر کی حیثیت سے کرایا جاتا ہے، لیکن ملّی و اسلامی موضوعات سے انھیں خصوصی دل چسپی تھی۔ کسی ایسے موضوع پر ان کا قلم کبھی خاموش نہیں رہتا تھا، جس کا تعلق اسلام یا اہل اسلام سے ہو۔ مسئلہ فلسطین ہمیشہ سے ملتِ اسلامیہ کی سوچ، فکر اور حساسیت کا موضوع رہا ہے۔ دوسرے بے شمار ادبا و شعرا کی طرح جناب رفعت سروش نے بھی اس مسئلے کو اپنا مسئلہ سمجھا ہے۔ انھوں نے نظم و نثر دونوں میں اس سلسلے میں اپنی فکرمندی کا اظہار کیا ہے۔ میں یہاں ان کی صرف ایک نظم کا کچھ حصہ پیش کروں گا۔ ملاحظہ فرمائیں:

اے ارضِ فلسطین! اے ارضِ فلسطین!
کرتے ہیں یہود اور نصاریٰ تری توہین

مغرب نے یہاں بویا تھا، اک زہر کا پودا
بے گھر تھے یہودی، اُنھیں یاں لا کے بسایا
مظلوم تھے روتے ہوے آئے تھے یہ مسکین
اے ارضِ فلسطین! اے ارضِ فلسطین!

اِس قوم کا کردار ہمیشہ سے یہی تھا
عربوں کو دیا اس نے یہ احسان کا بدلہ
قابض ہوے ہر چیز پہ گھر ان کا لیا چھین
اے ارضِ فلسطین! اے ارضِ فلسطین!

شاعر نے چند صاف اور سادہ الفاظ میں مسجد اقصیٰ کی بھی مظلومیت کی داستان سنادی ہے اور مغرب کی سازشوں اور یہود کی ناپاک حرکتوں کی بھی تاریخ بیان کر دی ہے۔

جناب کیفی اعظمی گرچہ ایک فلمی نغمہ نگار کی حیثیت سے زیادہ شہرت رکھتے تھے، لیکن سنجیدہ اور خوش فکر شعرا میں بھی وہ ایک پہچان رکھتے تھے۔ ان کی ایک نظم کے یہ اشعار فلسطین سے ان کی ہم دردی کی بھرپور ترجمانی کرتے ہیں:

اٹھّو الناس! فلسطین صدا دیتا ہے
وہ بھی ایسے کہ کلیجوں کو ہلا دیتا ہے

اس کی آواز پہ لبیک کہا جو تم نے
ہر لب زخم سے وہ تم کو دعا دیتا ہے

بے خبر اتنے نہیں تم کہ یہ معلوم نہ ہو
تخت پر کون یزیدوں کو بٹھا دیتا ہے

شمر مجرم بھی ہے، قاتل بھی ہے، ملعون بھی ہے
وہ ہے کیا شمر کو خنجر جو تھما دیتا ہے

میری کیوں مانوگے یہ پوچھ لو ہتھیاروں سے
کون اک شہر کو شمشان بنا دیتا ہے

کب اٹھائے گا خدا حشر، خدا ہی جانے
آدمی روز کوئی حشر اٹھا دیتا ہے

جناب قمر سنبھلی ہندستان کے استاذ شعرا میں تھے۔ ابھی ڈیڑھ دو سال پہلے ہی وہ اِس دنیا سے رخصت ہوے ہیں۔ چوں کہ وہ ایک علمی و اسلامی خانوادے سے تعلق رکھتے تھے، وہ خود بھی ایک حساس اور متدین مسلمان تھے اور اللہ نے اُنھیں علم اور مطالعے کی دولت سے بھی نوازا تھا، اس لیے وہ مسجد اقصیٰ اور فلسطین کے مسئلے پر اکثر سوچتے اور غور کرتے رہتے تھے۔ نجی گفتگوؤں میں بھی اِس موضوع پر اظہار خیال کرتے رہتے تھے۔ ان کی نظم اے ارضِ فلسطین! کا یہ آخری حصہ ان کی اسی حساسیت اور فکرمندی کی ترجمانی کرتا ہے:

قرآن کی آیات میں ہو جس کی فضیلت
جس ارضِ مقدس پہ ہو نبیوں کی جماعت
فرمائیں شہنشاہِ رسل جس کی امامت
ہم گھٹنے نہ دیں گے قمر! اس کی کبھی عظمت

ماتھے پہ ہمارے یہی تحریر رقم ہے
اے ارضِ فلسطیں! تری عظمت کی قسم ہے

سطورِ بالا میں میں نے چند نظموں کا تذکرہ محض نمونے کے طور پر کر دیا ہے۔ ورنہ حقیقت یہ ہے کہ ہند و پاک اور دوسری اردو بستیوں میں مقیم بے شمار شعرا نے مسئلہ فلسطین، بیت المقدس یا مسجد اقصیٰ کو موضوعِ سخن بنایا ہے اور اس مقدس و انبیائی سرزمین سے اپنے تعلق خاطر کا اظہار کیا ہے۔ پاکستان کے نام ور استاذ شاعر حضرت اعجاز رحمانی مرحوم نے تو اتنا اس موضوع پر لکھا ہے کہ ایک ضخیم مجموعہ شائع کرایا جاسکتا ہے۔ ادارۂ ادب اسلامی ہند نے بھی 'اے ارضِ فلسطین!' کے نام سے ایک ضخیم کتاب شائع کی ہے۔ اسے اس کے سابق جنرل سکریٹری جناب انتظار نعیم نے مرتب کیا ہے۔ اِس میں مختلف ذرائع سے ستانوے (۹۷) نظمیں جمع کی گئی ہیں۔ اپنے موضوع کے لحاظ سے یہ ایک اچھی کاوش ہے۔ جب بھی کوئی اسکالر نظم کے حوالے سے اِس موضوع پر قلم اٹھائے گا وہ اِس کتاب کو نظر انداز نہیں کر سکے گا۔

حاصل گفتگو یہ کہ فلسطین کا مسئلہ ایک نہایت اہم اور حساس مسئلہ ہے۔ ہمارے اردو کے شعرا نے اس کی اہمیت اور حساسیت کو محسوس کیا ہے، اپنے اپنے طور پر اِس موضوع کو اپنی شاعری کا موضوع بنایا ہے اور مسئلے سے متعلق اپنے احساسات کا اظہار کیا ہے۔ یہ سلسلہ ان شاء اللہ اس وقت تک چلتا رہے گا، جب تک کہ یہ پاک و مقدس سرزمین یہودیوں کے ناپاک و نجس عمل دخل سے پاک وصاف نہ ہو جائے گی۔ ■

اردو شاعری میں شہادت بابری مسجد کی عکاسی

خان حسنین عاقب

چھ دسمبر انیس سو بانوے برصغیر کی تاریخ میں ناقابل فراموش دن کے طور پر ہمیشہ یاد رکھا جائے گا۔ اس دن چار صدیوں سے اپنی بنیادوں پر کھڑی، بابر کے گورنر میر باقی کی زیر سرپرستی ایودھیا میں ایک مسجد تعمیر کی گئی جسے شہنشاہ بابر کے نام سے جانا گیا۔ بیسویں اور اکیسویں صدی عیسوی میں بابری مسجد کو سازش کے تحت متنازعہ جگہ قرار دے دیا گیا۔ عدالتوں نے بھی اپنے فرائض سے نظریں چراتے ہوئے جانبدارانہ فیصلے دئے۔ آخر کار چھ دسمبر انیس سو بانوے کو وہ منحوس دن آن پہنچا جب دھرم کے ٹھیکیداروں اور سیاست کے دلالوں کی زیر سرپرستی اس تاریخی اور قدیم مسجد کو مسمار و منہدم کر دیا گیا۔ دیکھا جائے تو بابری مسجد کے تیسرے منبر کی دیوار پر درج ایک قطعہ تاریخ فارسی زبان میں درج ہے جس سے اس مسجد کی تعمیر کا واقعہ معلوم ہوتا ہے۔ بابری مسجد کے ممبر کی دیوار پر جو تحریر کندہ ہے، وہ کورٹ کمشنر بیورتیج کے علاوہ حسین اور دیسائی کے مطابق کچھ اس طرح ہے:

بفرمودۂ شاہِ بابر کہ عدلش
بنائیست تا کاخِ گردوں ملاقی
بنا کرد این مہبطِ قدسیاں را
امیر سعادت نشاں میر باقی
بود خیر باقی چوں سالِ بنایش
عیاں شُد کہ گفتم بُود خیر باقی

ہیر فوہرر کے مطابق یہ تحریر کچھ یوں ہے:

بمنشاءِ بابر خدیوں جہاں
بنائے کہ با کاخِ گردوں عناں
بنا کرد ایں خانۂ پائدار
امیر سعادت نشاں میر خان
بماند ہمیشہ چناں بنائش
چناں شہر یارِ زمان و زماں

کمال کی بات یہ ہے کہ ۱۹۹۸ میں فیوہرر کو اس عبارت کی غلط ترجمانی کی وجہ سے محکمہ آثار قدیمہ میں اس کے عہدے سے معزول کر دیا گیا۔ اس کی وجہ یہ بتائی گئی کہ اس نے کندہ تحریروں کی ترجمانی میں زیادہ گہرائی سے مطالعہ کئے بغیر ہی نتائج اخذ کئے اور اپنی رپورٹیں پیش کر دیں۔ بابری مسجد کے منبر پر درج قطعے کی فیوہرر کے ذریعے کی گئی ترجمانی بھی خلاف قیاس ہے۔ دوسرے یہ کہ زیادہ تر مصرعے عروضی پیمانوں پر پورے نہیں اترتے اور وزن و بحر سے خارج نظر آتے ہیں۔ بہر حال، اس قطعے کا بیان برسبیل تذکرہ آ گیا۔ ہم بات کر رہے ہیں بابری مسجد اور چھ دسمبر کے موضوع پر خلق کی گئی شعری تخلیقات کی۔

اس واقعے کو تاریخ میں انسانیت اور انصاف کے سفید لباس پر ایک سیاہ دھبے کی طرح یاد رکھا جائے گا۔ ملت کے اذہان میں چھ دسمبر محض کیلنڈر کا ایک خانہ نہیں بلکہ ناانصافی کی ایک علامت ہے۔ بابری مسجد کی شہادت اور پھر اس کے حق ملکیت کا مقدمہ، دونوں ہی تاریخ انسانی اور عدلیہ کے دامن پر سیاہ داغ ہیں جنہیں مٹانا ممکن نہیں ہے۔ اس واقعے پر دنیا بھر میں مختلف انصاف پسند لوگوں نے اپنے ردعمل کا اظہار کیا۔ شاعروں اور افسانہ نگاروں نے بھی اس موضوع پر اپنی تخلیقات تحریر کیں۔ ہمارے مقالے کا عنوان بھی یہی ہے۔

اردو شاعری میں شہادت بابری مسجد کی عکاسی:

آج بھلے ہی بابری مسجد کی عمارت روئے زمین پر کھلی آنکھوں سے دیکھی نہیں جا سکتی لیکن ہمارے ساتھ ساتھ دنیا بھر کے تمام عدل پسند انسانوں کے ذہنوں اور یادداشت میں یہ ہمیشہ مسجد تھی، ہے اور رہے گی۔ ہوسکتا ہے ہماری اکثریت نے اس ناانصافی پر مصلحتاً صبر کر لیا ہو لیکن

چھ دسمبر کا دن ملک کے انصاف پسند لوگوں کو ہمیشہ اس مسجد کی یاد دلاتا رہے گا۔

اردو شاعری میں اس موضوع پر بھر پور انداز میں احتجاج اور ردِ عمل کا اظہار کیا گیا ہے۔ اس کی ایک وجہ یہ بھی ہے کہ ملک کا ہی نہیں بلکہ دنیا بھر کا ہر صاحب شعور فرد اس مسجد کے انہدام اور پھر حق ملکیت سے متعلق عدلیہ کے فیصلے، عدالتی فیصلہ تو مان سکتا ہے لیکن اسے انصاف نہیں مان سکتا۔ شاعروں نے مختلف انداز میں اپنے غم و غصے اور اپنی رائے کا اظہار شعری اسلوب میں کیا ہے۔ ہم نے اپنے اس مقالے میں ان تمام شاعروں کو شامل کیا ہے جن کے تعلق مختلف مکاتیبِ فکر سے ہیں مثلاً دیگر مذاہب سے تعلق رکھنے والے اردو کے شاعر، ترقی پسند شاعر اور تعمیر پسند شعرا۔ ترقی پسند شاعر کیفی اعظمی نے چھ دسمبر کے روز بابری مسجد کی شہادت سے متاثر ہو کر 'دوسرا بن باس' نامی نظم کہی۔ اس نظم میں کیفی نے ایک خیالی واقعے کو موجودہ تناظر میں پیش کرتے ہوئے نہایت چابک دستی سے اپنے خیالات کا برملا اظہار کیا ہے۔ نظم یوں شروع ہوتی ہے:

رام بن باس سے جب لوٹ کے گھر میں آئے
یاد جنگل بہت آیا جو نگر میں آئے
رقص دیوانگی آنگن میں جو دیکھا ہوگا
چھ دسمبر کو شری رام نے سوچا ہوگا
اتنے دیوانے کہاں سے مرے گھر میں آئے
جگمگاتے تھے جہاں رام کے قدموں کے نشاں
پیار کی کاہکشاں لیتی تھی انگڑائی جہاں
موڑ نفرت کے اسی راہ گزر میں آئے
دھرم کیا ان کا تھا، کیا ذات تھی، یہ جانتا کون
گھر نہ جلتا تو انھیں رات میں پہچانتا کون
گھر جلانے کو مرا لوگ جو گھر میں آئے
شاکاہاری تھے میرے دوست تمہارے خنجر
تم نے بابر کی طرف پھینکے تھے سارے پتھر
ہے مرے سر کی خطا، زخم جو سر میں آئے
پاؤں سرجو میں ابھی رام نے دھوئے بھی نہ تھے
کہ نظر آئے وہاں خون کے گہرے دھبے
پاؤں دھوئے بنا سرجو کے کنارے سے اٹھے
رام یہ کہتے ہوئے اپنے دوارے سے اٹھے
راجدھانی کی فضا آئی نہیں راس مجھے
چھ دسمبر کو ملا دوسرا بن باس مجھے

رام کا خود اپنی زبان سے اپنے نام پر ہونے والی اس ناانصافی اور متعصبانہ اجتماعی رویے کو شاید اس سے بہتر انداز میں کوئی نہیں باندھ سکتا تھا۔ 'چھ دسمبر کو ملا دوسرا بن باس مجھے' یہ مصرع محض ایک باوزن مصرعہ محض نہیں ہے بلکہ دوسرا بن باس اس مکمل نظام کی قلعی کھول دیتا ہے جسے ایک مخصوص طبقہ پورے ملک پر لادنا چاہتا ہے۔ رام تو اب وہاں رہنا ہی نہیں چاہتے جہاں یہ لوگ انھیں استھاپت کر چکے ہیں۔ اب جس جگہ اپنی استھاپنا سے ناراض ہو کر رام دوبارہ بن باس کے لیے نکل گئے ہیں تو پھر یہ خوشی چہ معنی دارد؟

تعمیر پسند حلقے کے بزرگ شاعر ابوالمجاہد زاہد نے اس سانحہ کا جعہ کا اپنے دل پر کیا اثر محسوس کیا اور کس انداز میں اپنے خیال کو شعر کے پیکر میں ڈھال کر ہمارے سامنے پیش کیا، دیکھیے یہ اشعار:

یہ نہ سمجھو گرا ہے ایک مکاں
ایکتا کے گلے کا ہار گرا
اف! عروسِ وطن کے جھومر سے
ٹوٹ کر درِّ شاہوار گرا
عدلیہ! انتظامیہ، قانون
تن سے ہر ایک کے ازار گرا
معتبر غیر معتبر نکلے
پایۂ اہل اقتدار گرا
سازش باغباں سے اے زاہد!
آگ میں خیمۂ بہار گرا

ان اشعار میں شاعر نے شہادتِ مسجد کے نقصانات کو بھی بیان کیا

ہے اور بہت سے معتبر اداروں اور افراد کی نااہلی کو بھی واضح کیا ہے۔ آخری شعر میں نہایت خوبی کے ساتھ ادبی اسلوب میں ملک کے مقتدر 'اعظم' کی سازش کو بے نقاب کر دیا ہے، جس نے ملک کے عوام سے وعدہ کیا تھا کہ بابری مسجد وہیں تعمیر ہو گی۔

ڈاکٹر محی الدین ناز قادری نے اسی موضوع پر ایک نظم کہی تھی جس کا عنوان تھا 'داغ ہے پیشانیِ ہندوستان پر'

وہ خدا خانہ، وہ معبد بندۂ اخلاص کا

جس کی مسماری کے بعد

دم بخود انسانیت ہے

اور شرافت سر بہ زانو

چشم تہذیب و ثقافت اشکبار

اعتبار لالہ وہ گل تار تار

اب کہاں گلشن میں وہ رنگِ بہار

چھ دسمبر

ہاں وہی یومِ سیاہ

داغ ہے پیشانیٔ ہندوستان پر

داغ بدنامی ہمیشہ کے لیے

جھک گیا جس کے سبب سر ملک کا

حالاں کہ نظم جس طرح آگے بڑھتی ہے، وہ ہندستان کے ہی نہیں بلکہ دنیا بھر کے تمام انصاف پسند لوگوں کے دلوں کے جذبات کا اظہار کرتی ہوئی چلتی ہے۔ لیکن یہ طرز روایتی نظم نگاری کا ہے۔ لیکن موضوع کے لحاظ سے یہ ایک اچھی نظم ہے۔

فضیل احمد ناصری نے نہایت سادہ سے انداز میں اور مختصر لفظوں میں اپنے جذبات کا یوں اظہار کیا:

تو کتنی جواں، شوخ نظر، کتنی حسیں تھی

ہاں تو ہی روایات مسلماں کی امیں تھی

مٹی میں تری صاحبِ ایماں کی جبیں تھی

تاریخ کی ضامن تری یہ پاک زمیں تھی

تو زندہ ہراک مومن کامل میں رہے گی

اے بابری مسجد! تو میرے دل میں رہے گی

یہ جذبات بھی تقریباً ہر صاحب ایمان کے دل میں موجود ہیں جن کا اظہار درجِ بالا اشعار کے ذریعے کیا گیا ہے۔ حسنین عاقب نے ایک نئے انداز اور نئی لفظیات کے ساتھ اسی موضوع پر نظم کہی جس کا عنوان ہے 'تو کون ہے؟' نظم کا کچھ حصہ ملاحظہ کیجیے:

تو کون ہے؟

مٹی کی مختلف شکلوں اور اجسام کے باہمی جڑاؤ سے

اس معمورے میں صدیوں پہلے تعمیر

ایک عمودی اور افقی وجود

تیرے دامن میں سجدوں کے لاتعداد ستارے

تو گواہ خدائے لاشریک کی وحدانیت کے مقدس الفاظ کی ادائیگی کی

تیرے وجود کا چپہ چپہ سجدوں سے منور

یہ نظم اسی طرح آگے بڑھتی ہے۔ ہم درمیانی حصہ طوالت کی وجہ سے حذف کئے دیتے ہیں لیکن اس کا اختتام دیکھیے:

میرا یقین، میرا ایمان یہی ہے

کاتبِ تقدیر کا فرمان یہی ہے

تیرا تقدس تاقیامت روز افزوں ہوتا رہے گا

وقت انصاف کے قتل پر سدا روتا رہے گا

تیری جبینوں کو فرشتے چوما کرتے تھے

اب تو نہیں روئے زمیں پر لیکن تیرا وجود

ہاں، تیرا وجود باقی ہے
کل تھا، آج ہے اور تاقیامت رہے گا
خدا کا گھر نظروں سے اوجھل تو ہوسکتا ہے
دلوں سے ہرگز نہیں!

اب ہم آتے ہیں بہت سے شعرا کی جانب جن کا عقیدہ کسی دوسرے مذہب سے وابستہ ہے لیکن ان کا قلم اس ناانصافی پر خاموش نہ رہ سکا۔ سب سے پہلے ہم جگن ناتھ آزاد کی نظم دیکھتے ہیں۔ جگن ناتھ آزاد ماہر اقبالیات کے طور پر دنیا بھر میں جانے جاتے ہیں۔ انھوں نے بابری مسجد کی شہادت کے فوراً بعد نظم کہی:

یہ تو نے ہند کی حرمت کے آئینے کو توڑا ہے
خبر بھی ہے تجھے مسجد کا گنبد توڑنے والے
ہمارے دل کو توڑا ہے، عمارت کو نہیں توڑا
خباثت کی بھی حد ہوتی ہے، حد کو توڑنے والے
تیرے اس فعل سے اسلام کا تو کچھ نہیں بگڑا
مگر گھونپا ہے خنجر تو نے ہندو دھرم کے دل میں
ادھر ہندوستاں کا چہرہ تو نے مسخ کر ڈالا
اُدھر بوئے ہیں تو نے کانٹے اس کی راہِ منزل میں
تجھے کچھ بھی خبر اس کی نہیں اے بدنصیب انساں
کہ ہندو دھرم کیا ہے اور اس کی آتما کیا ہے
نہیں ہے دھرم وہ ہرگز جسے تو دھرم کہتا ہے
تجھے کیا علم کیا ہے آتما، پرماتما کیا ہے
خبر کل تک بس اتنی تھی کہ گنبد ایک ٹوٹا ہے
کھلی اب بات مسجد کا نہیں چھوڑا نشاں باقی
وہ تہذیبی تسلسل جو تھا جاری چار صدیوں سے
تو سمجھا ہے نہ رہ پائے گی اس کی داستان باقی
میں اک گنبد کو روتا تھا مگر اب یہ کھلا مجھ پر
گرا ڈالا ہے اس ساری عبادت گاہ کو تو نے
خدا کا گھر ہے مندر بھی، خدا کا گھر ہے مسجد بھی
مجھے تو میرے ہندو دھرم نے بس یہ سکھایا ہے
نہیں ہے دھرم ہرگز وہ فقط اندھی سیاست ہے
تجھے تیرا یہ درسِ شیطانیت جس نے پڑھایا ہے
خدا کے گھر کو جب تو منہدم کرنے کو نکلا تھا
خدا جانے تیرے دل میں خیالِ خام کیا تھا

جگن ناتھ آزاد کی اس نظم کے آخری اشعار میں جس عقیدے اور یقین کا اظہار کیا گیا ہے، وہ خصوصی طور پر قابل توجہ ہے۔ وہ کہتے ہیں:

مکافاتِ عمل کہتے ہیں جس کو اک حقیقت ہے
شقی القلب کیا کہیے تیرا انجام کیا ہوگا
یہ مسجد آج بھی زندہ ہے اہل دل کے سینوں میں
خبر بھی ہے تجھے مسجد کا پیکر توڑنے والے
ابھی یہ سرزمیں خالی نہیں ہے نیک بندوں سے
ابھی موجود ہیں ٹوٹے ہوئے دل جوڑنے والے

اس میں ایک رجائیت موجود ہے جو ہم سب کے ایمان کا جزو ہے۔ آزاد نے ایک اور نظم اسی عنوان سے کہی ہے۔ وہ بھی ملاحظہ کریں:

تو نے اے آزاد ساری عمر جو کچھ بھی کہا
تو نے اے آزاد ساری عمر جو کچھ بھی لکھا
احمقوں نے ایک پل میں کر دیا برباد اسے
تو تو کہتا تھا کہ ظلمت رات کی جانے کو ہے
تو تو کہتا تھا وطن میں صبحِ نو آنے کو ہے
کیا یہی وہ صبحِ نو ہے
جس پہ تجھ کو ناز تھا، جس پر رہا تجھ کو غرور
دیکھ آئینہ تیری تہذیب کا ہے چور چور

یہ ایک صالح فکر انسان کی پرواز تخیل ہے جسے امید تھی کہ صبح نو کچھ اور ہوگی لیکن وہ بہت مایوس اور ناامید دکھائی دے رہا ہے۔ اودے

پرکاش کی ہندی نظم جو اردو ہی ہے، ملاحظہ کرلیں جو انھوں نے چھ دسمبر کے زیر عنوان کہی ہے:

چھ دسمبر انیس سو بیانوے
یادوں کے گھنے، گاڑھے دھوئیں
اور برسوں سے گرم راکھ میں
لگاتار سلگتا کوئی انگارہ ہے
گھٹنے کی ناقابل برداشت گانٹھ ہے
یا ریڑھ میں رینگتا دھیرے دھیرے کوئی درد
جاڑے کے دنوں میں جو اور جاگ جاتا ہے
اپنی ہزار سوائیوں کے ڈنک کے ساتھ
دسمبر کا چھٹا دن

تعمیر پسند شعرا نے خوب دل کھول کر اپنے جذبات کا اظہار کیا، گو کہ ہر شاعر کا اپنا ایک الگ اور منفرد انداز و اسلوب ہے۔ انتظار نعیم اس موضوع پر استفسار کرتے ہوئے کہتے ہیں:

گھر خدا کا تین حصوں میں کہیں بٹتا ہے کیا
یہ ستم تاریخ نے پہلے کبھی دیکھا ہے کیا
ایک معبد، اِس کا بھی، اُس کا بھی، اُس کا بھی
یہ بھی سچ ہے، وہ بھی سچ، ایسا کبھی ہوتا ہے کیا
آگ ہے دل میں لگی لیکن ہمارا ضبط دیکھ
دیکھ اس سے کوئی ہلکا سا دھواں اُٹھا ہے کیا
گھر خدا کا جو بھی مانگے اس کو ہم دے دیں نعیمؔ؟
کوئی بتلائے کہ یہ بازار کا سودا ہے کیا

ان اشعار میں انتظار نعیم نے دو متضاد جذبوں کو باہم آمیز کر کے احتیاط اور احتجاج، دونوں لہجوں کو نہایت کامیابی سے برتا ہے۔ سرفراز بزمی کے یہ دو اشعار امید و بیم کی کیفیت کا اظہار کرتے ہیں:

قتل اک سورج ہوا تو غم نہیں بزمی کوئی
سینۂ گیتی سے اُگ آئیں گے لاکھوں آفتاب
کہہ رہی ہے آج بھی تاریخ آیا صوفیہ
صبح کاذب، صبح صادق، پھر طلوعِ آفتاب

مومن ہندی بھی اسی امید کو اپنا یقین بناتے ہوئے کہتے ہیں:

سنا میں نے کہ تجھ سے بابری مسجد دعا گو ہے
میرے منبر مرے محراب کو پھر سے بسا یارب
اذانیں پھر سے گونجیں گی فضاؤں میں مری اک دن
یہی ارمان میرا قلبِ مومنؔ میں جگا یارب

بابری مسجد کے تئیں اپنے جذبات کے منظوم اظہار میں خواتین بھی پیچھے نہیں رہیں۔ سردست ہم محض ایک ہی مثال پر اکتفا کرتے ہیں۔ کرناٹک، دھارواڑ سے تعلق رکھنے والی مشہور افسانہ نگار اور شاعرہ مہر افروز نے کچھ اس طرح اپنے جذبات کا اظہار کیا:

کون سے کھنڈرات پہ بیٹھے ہیں، دعا مانگتے ہیں
کون سی خاک سے امیدِ وفا مانگتے ہیں
تیرے پُرکھوں کی نشانی کو بچا بھی نہ سکے
صاحب وقت سے پھر کیسی دَیا مانگتے ہیں

موضوع کے اعتبار سے ہم یہ نہیں کہہ سکتے کہ یہ تحریر مکمل ہے۔ ہم نے وقت اور وسائل کی محدودیت کی وجہ سے محض چند شعرا کے اشعار اخذ کیے ہیں۔ ہمارا ماننا ہے کہ اس عنوان کے تحت ہزاروں نہیں لاکھوں تخلیقات تحریر کی گئی ہیں۔ ■

اردو شاعری اور ماحولیات

پروفیسر رفیع الدین ناصر

اردو ادب کا دامن بہت وسیع ہے۔ اس میں نثر اور نظم دونوں صنفوں میں ہمہ اقسام کی معلومات دستیاب ہیں۔ اس میں ہمارے قلمکاروں نے بعض اہم سائنسی موضوعات کو زیر قلم لایا لیکن پھر بھی یہ حصہ ابھی تشنہ ہے۔

ماحولیات جیسے اہم موضوع کو شاعری کے توسط سے جوڑ کر ایک اہم سلگتے ہوئے مسئلہ کی طرف توجہ دینے کی کوشش کی گئی ہے۔ بنیادی اور اہم بات یہ ہے کہ اگر ہمارا ماحول صاف وشفاف اور آلودگی سے دور ہو تو ہم سب صحت مند رہ سکتے ہیں اور اگر یہ پراگندہ ہو تو نہ صرف ہماری صحت خطرے میں پڑ جاتی ہے بلکہ ہمارے اطراف میں موجود پودے اور دیگر ذی حیات بھی متاثر ہوتے ہیں۔ اس لئے ہم سب کو بہترین ماحول کی بقاء کے لئے کوشش کرنا چاہئے اور اس طرف ہمارے شاعروں نے زمانہ قدیم سے توجہ مبذول کروائی۔ بقول میر انیسؔ:

گلشن میں پھروں کہ سیر صحرا دیکھوں
یا معدن و کوہ و دشت و دریا دیکھوں

ہر جا تری قدرت کے ہیں لاکھوں جلوے
حیران ہوں دو آنکھوں سے کیا کیا دیکھوں

اردو شاعری کا جب ہم مطالعہ کرتے ہیں تو واضح ہوتا ہے کہ ہمارے شعرائے کرام نے شاعری کی ہر صنف میں ماحول کے تعلق سے خامہ فرسائی کی ہے۔ دراصل شاعر وہی پیش کرتا ہے جو وہ اپنے اطراف میں دیکھتا ہے۔ قصائد کا مطالعہ کریں تو اس میں اللہ تعالیٰ کی بنائی ہوئی اس کائنات کی رعنائی کے اشعار ملتے ہیں۔ مثنویوں میں بھی شعرائے کرام نے ماحول کی بھرپور خوبصورتی کو پیش کیا۔ سبزہ زار، کوہ وصحرا، جنگل و بیابان، بہار وخزاں وغیرہ کا ذکر جا بجا ملتا ہے۔ نظم کے توسط سے ہمارے شعراء نے آسان زبان میں ماحول کے تمام امور کو پیش کیا بلکہ یہ سلسلہ بہت کامیابی سے جاری ہے۔ نظم کے توسط سے شعراء نے بچوں کے لیے بہت بہترین اور معلوماتی نظمیں تحریر کر کے بچوں کو ماحولیات کی ابجد سے واقف کرایا ہے۔ اسی طرح ہم دیکھتے ہیں کہ غزلوں کے دامن میں ماحولیات وسیع پیمانے پر سمایا ہوا ہے۔ مختلف اشاروں، کنایوں، علامتوں، تشبیہات، تلمیحات، استعاروں وغیرہ کے توسط سے ماحول کی ترجمانی ملتی ہے:

مٹی سے بیل بوٹے کیا خوشنما اُگائے
پہنا کے سبز خلعت ان کو جواں بنایا

ہر چیز سے تیری کاریگری ٹپکتی
یہ کارخانہ تو نے کب رائیگاں بنایا

(اسماعیل میرٹھی)

ماحول کیا ہے؟: اصل میں ہمارے گرد و پیش کو ماحول کہتے ہیں۔ جس میں تمام پودے، حیوانات، خوردبینی ذی حیات کے ساتھ ساتھ وہ تمام اجزا شامل ہیں جن سے ہم استفادہ کرتے ہیں۔ جیسے ہوا، پانی، روشنی، مٹی وغیرہ۔ اس کی وضاحت جناب انصار احمد معروفی نے بہت اچھے انداز میں پیش کی ہے:

جہاں رہتے جہاں پڑھتے جہاں پر سانس لیتے ہیں
جہاں کھاتے، جہاں ہم کھیلتے، گھر سے نکلتے ہیں

ہمارے اردگرد اللہ نے کیا کیا بنایا ہے؟
زمیں کو پیڑ اور پودوں کے گلشن سے سجایا ہے

جو کچھ ہے آس پاس اپنے اسے ماحول کہتے ہیں
اسی ماحول میں دن رات ہم اور آپ رہتے ہیں

اس سے واضح ہوتا ہے کہ خالق کائنات نے تمام ذی حیات کو ایک مخصوص ماحول فراہم کیا ہے۔ جس سے اُس کو فائدہ اٹھانا چاہیے لیکن نقصان نہیں پہنچانا چاہئے۔ اگر ہم انسانی آبادی کے ابتدائی نقوش دیکھیں تو شاعر کہتا ہے کہ:

ہوئی تھی ابتدا دنیا کی آدمؑ اور حواؑ سے
نہ تھے انسان دنیا میں یہی دونوں اکیلے تھے

انھی دونوں سے انسانوں کی پھیلی ساری آبادی
انھی سے بھر گئی ہے آج دنیا کی ہر اک وادی

(انصار احمد معروفی)

وقت کے ساتھ ساتھ انسانی آبادی بڑھتی گئی اور اُس میں جب وسعت پیدا ہوئی تو ماحول میں بے شمار تبدیلیاں ہوتی چلی گئیں۔ ترقی کے نام پر ماحول کا استحصال ہونے لگا۔ اردو شاعر اس سے بہت متاثر ہوا اور کہنے لگا:

جب آبادی بڑھی تو گھر بنانا بھی ضروری تھا
سفر کے واسطے موٹر چلانا بھی ضروری تھا

بسانے کے لیے بستی، کیا جو سب سے پہلا کام
درختوں کو ہٹانا تھا، ہوا پھر ان کا قتل عام

درختوں کی کٹائی سے پرندوں کے نشیمن بھی
ہوئے یکلخت سارے ختم حیوانوں کے مسکن بھی

پڑے ماحول پر اس کے برے اثرات اے بچو
پھرے پھر پاگلوں کے مثل حیوانات اے بچو

برا اس کا اثر موسم کی بھی ترتیب پر آیا
پڑا آلودگی کا اس زمیں پر ہر طرف سایہ

جب ہم نے ماحول کا استحصال کرنا شروع کیا تو ہر ایک ذی حیات متاثر ہونے لگا اور ساتھ ہی آلودگی بڑھتی گئی اور اس کے اثرات سے انسان کا جینا دوبھر ہو گیا:

پہاڑوں کو کہیں توڑا، سمندر کو کہیں پاٹا
فضا کو صاف کرنے والے تم نے پیڑ کو کاٹا

یہ پل اور ڈیم اور ہم باندھ، یہ کالونیاں کیسی؟
درختوں کی کٹائی کر کے یہ خرمستیاں کیسی؟

تمہاری کج روی سے ہی ہوئی آلودگی پیدا
تمہارے عیش وعشرت سے ہی بیماری ہوئی پیدا

(انصار احمد معروفی)

انسانوں کی نادانی سے جب فضائی آلودگی بڑھ گئی تو شاعر متاثر ہوا تو اس کو محسن احسان نے یوں بیان کیا:

اس فضا میں تو فرشتوں کے بھی پر جلتے ہیں
میں یہاں جرات پرواز بھلا کیا کرتا

اسی فضائی آلودگی کو ارمان نجمی یوں بیان کرتے ہیں:

گھٹن سے بچ کے کہیں سانس لے نہیں سکتے
جہاں بھی جائیں یہ کالا دھواں تو سر پر ہے

ہماری لغزشوں نے آسمان کا رنگ بدل دیا۔ بقول ظفر اقبال:

جا بہ جا دھویں کے دھبے دھویں کی دھاریاں
آسمان کا آئینہ کس نے مکدر کر دیا

فضائی آلودگی کے اثرات صرف انسانوں پر ہی نہیں ہوتے بلکہ دیگر ذی حیات بھی متاثر ہوتے ہیں۔ ہمارے اردو شاعر بھی ان اثرات کو سمجھتے ہیں اور اس طرح بیان کرتے ہیں:

اُڑ گئے شاخوں سے یہ کہہ کر طیور
اس گلستاں کی ہوا میں زہر ہے

جانوروں کا بے تحاشا شکار کر کے ہم نے ماحولی توازن کو بگاڑ دیا۔ جنگلی جانور ختم ہونے کے قریب ہیں۔ سبزی خور جانوروں نے جنگلات کو ختم کر دیا۔ اُس پر طرفہ یہ کہ ہرے بھرے جنگل کی جگہ سیمنٹ کے جنگل آباد ہونے لگے۔ ریگستان بڑھنے لگے۔ اس متاثر کن کیفیت کو احمد فراز یوں بیان کرتے ہیں:

اب وہاں خاک اڑاتی ہے صبا
پھول ہی پھول جہاں تھے پہلے

اسی طرح آبی آلودگی میں بھی اضافہ ہوا۔ جو پانی موجود تھا وہ سوکھ گیا۔ سمندر سکڑ گئے۔ اگر یہ سلسلہ جاری رہا تو صحرا میں اضافہ ہوتا جائے گا۔ اس حقیقت کو احمد فراز نے یوں بیان کیا:

دل کو کیا روئیں کہ جب سوکھ گئی ہوں آنکھیں
شہر ویراں ہے کہ دریاؤں میں پانی کم ہے

آبی آلودگی اور تیزابی بارش کی طرف توجہ دلانے کے لئے وفا نقوی نے اس طرح حقیقت بیانی کی کہ:

مچھلیوں میں زہر کیسے آ رہا ہے رات دن
آج پانی میں ذرا اُترا تو اندازہ ہوا

وہ پانی کے سبب مٹی کے کٹاو کے امکانات کے بارے میں تحریر کرتے ہیں:

تو وہ خاکِ بدن آب رواں خوب ہوا
اب کے برسات میں مٹی کا زیاں خوب ہوا

اردو شعرا نے اردو قاری کو ماحولیات کے مختلف مسائل سے آگاہ کرنے میں بہت دانشمندی کا ثبوت پیش کیا۔ ایل نینو، گلوبل وارمنگ، جیسے موضوعات کو بھی زیر قلم لائے۔ ایل نینو کی وجہ سے سمندر کے درجہ حرارت میں اضافہ ہوا، جس کی وجہ سے خشک پانی، موسم کی تبدیلی کے اثرات جو انسانوں پر ہو رہے ہیں، اُن کو ناصر کاظمی نے اس طرح بیان کیا:

پیاسی دھرتی جلتی ہے
سوکھ گئے بہتے دریا

زمین لوگوں سے خالی ہو رہی ہے
یہ رنگ آسماں دیکھا نہ جائے

بھری برسات خالی جا رہی ہے
سر ابر رواں دیکھا نہ جائے

عباس تابش نے اس بے بسی کو کچھ اس طرح بیان کیا ہے:

ہم ہیں سوکھے ہوئے تالاب پہ بیٹھے ہوئے ہنس
جو تعلق کو نبھاتے ہوئے مر جاتے ہیں

جب درختوں کے کاٹنے سے اثرات بد مرتب ہونے لگے تو اس سے شعرا کے قلم میں بھی جنبش ہوئی اور وفا نقوی نے یوں تحریر کیا کہ:

درخت کاٹنے والوں نے یہ نہیں سوچا
کہ اپنی موت کا سامان کر رہے ہیں ہم

ہلال نقوی یوں بیان کرتے ہیں:

اک حادثہ عظیم ہوا ہے زمین پر
کیسا گھنا درخت گرا ہے زمین پر

درختوں سے والہانہ وابستگی ہر ایک شخص میں موجود ہوتی ہے۔ اس کو ڈاکٹر مختار الدین احمد نے یوں بیان کیا ہے:

آتے ہیں مجھ کو یاد وہ بچھڑے ہوئے درخت
انسانیت پلی تھی کبھی جس کی چھاؤں میں
اب اس کی یادگار ہیں اکھڑے ہوئے درخت
مختار اس شدید زمانے کو کیا ہوا
دھرتی کی داستان کے دکھڑے ہوئے درخت

درخت ماحول کا توازن برقرار رکھنے میں بہت اہم کردار انجام دیتے ہیں۔ شعاعی ترکیب کے عمل سے شمسی توانائی کو کیمیائی توانائی

میں تبدیل کرتے ہیں اور ماحول میں موجود نقصان دہ گیسوں کو جذب کر کے ذی حیات کو آکسیجن مہیا کرتے ہیں، اس کو انور مسعود نے کچھ یوں بیان کیا:

جلانا جسم اپنا دھوپ کی تپتی انگیٹھی میں
مگر فرش زمین پر چھاؤں کی چادر کو پھیلانا

درختوں سے کوئی سیکھے سبق حسن فطرت کا
فضا کا زہر ہی لینا مگر تریاق لوٹانا

سید شکیل دسنوی کہتے ہیں:

دھوپ میں سایہ دار درخت
لدے پھندے پھل دار درخت

تازہ ان سے ہوا ملے
جینے کا سب مزہ ملے

اردو شعرا جہاں پر آلودگی کے مسئلہ پر سنجیدہ ہیں وہیں پر وہ اس کی روک تھام کے لئے پیش پیش نظر آتے ہیں۔ جدید شعرا نے نظم اور غزل کا سہارا لے کر تحفظ ماحول کے تعلق سے بہترین عکاسی کی ہے۔ نظموں کے شاعر جناب انصار احمد معروفی فرماتے ہیں:

ہمیں ماحول کے بارے میں کرنا فیصلہ ہوگا
ہماری کیسی صحت ہو ہمیں یہ سوچنا ہوگا

ہمیں آلودگی کے بیچ میں کیا سانس لینا ہے
یا پھر ہو صاف اور شفاف قصبہ جس میں رہنا ہے

اگر کاٹیں گے پیڑوں کو پھر آلودگی ہوگی
مرض ہوگا، گھٹن ہوگی، بری یہ زندگی ہوگی

اگر بڑھتی ہوئی آلودگی پر باندھ نہ باندھا
جنازے کو نہ ہوگا دینے والا ایک بھی کاندھا

یہ حقیقت ہے اگر ہم آلودگی پر قابو نہ پا سکے تو وہ شدید مسائل پیدا ہوں گے کہ کئی اہم انواع جو ہماری بقا کے لیے انتہائی ضروری ہیں زمین سے ناپید ہو جائیں گی اور انسان کا وجود خطرے میں پڑ سکتا ہے:

توازن میں خدا نے ساری فطرت کو بنایا ہے
لچک اس میں نہیں، اس کو قرینے سے سجایا ہے

اٹھائے فیض ان اشیا سے مخلوقات کا لشکر
کہیں نام و نشان آلودگی کا کچھ نہ باقی ہو

اگر آلودگی نکلے درختوں سے تلافی ہو
صفائی اور ستھرائی کا قائم بول بالا ہو

(معروفی)

ماحولیات جیسے حساس موضوع پر اردو شعرا نے طبع آزمائی کر کے ماحول کے تحفظ کے تمام اصولوں سے واقف کرایا۔ اس کا مقصد یہ ہے کہ ہم صحتمند ماحول میں جئیں اور صحتمند معاشرے کی تعمیر کریں، جس سے ہمارا ملک ترقی کی طرف بڑھے اور اللہ تعالیٰ سے ہم اس دعا کو قبول کرنے کی ہمیشہ التجا کرتے رہیں:

گزرو جب چمن سے تو یہ دعا مانگتے چلو
کھلے ہیں جس ڈالی پر پھول صدا ہری وہ رہے
(آمین) ■

افسانہ اور فرقہ واریت

محمد اسرار

اردو ادب میں اتنی وسعت ہے کہ وہ انسانی زندگی کے تمام پہلوؤں کو پیش کرنے کے قابل ہے۔ بلاشبہ ہم دنیا کی دیگر زبانوں کے ادب کے مقابلے اردو ادب کو رکھنے کی جسارت کر سکتے ہیں۔ اردو افسانوں میں تو آپ کو عام انسان کی زندگی کے تمام اہم مسائل نظر آجائیں گے۔ ہمارا رہن سہن، ہمارا طرز معاشرت، معاشی مسائل، تعلیمی مسائل، سیاست ان تمام کو اردو افسانہ بخوبی پیش کرتا ہے۔ میرے مقالے کا عنوان ہے 'اردو افسانہ اور فرقہ واریت'۔ سوال یہ ہے کہ آخر اس مسئلہ پر بھی افسانہ نگار کو لکھنے کی ضرورت کیوں آپڑی۔ کیا واقعی یہ مسئلہ اس قدر اہم ہے کہ کسی زبان کا ادب اسے بے باکی کے ساتھ لکھنے کے لئے مجبور ہو جائے۔ میری نظر میں اس کا جواب ہاں میں ہے۔ جب سماج میں کوئی برائی یا کوئی نظریہ عام ہو اور اس کا نتیجہ تخریب کی صورت میں سامنے آئے تو پھر تخلیق کار کا فرض ہے کہ وہ اس کے خلاف لکھے۔ اگر وہ ایسا نہیں کرے گا تو ادبی بددیانتی کا مجرم قرار پائے گا۔

افسانہ نگاروں کی ایک طویل فہرست ہے جنہوں نے اس موضوع پر لکھا ہے۔ لیکن شاید منٹو نے اس موضوع پر جس طرح لکھا ہے اتنا شاید ہی کسی نے لکھا ہو۔ حالانکہ آج اس موضوع پر لکھنے کی زیادہ ضرورت ہے کیونکہ سماج میں جتنا زہر منٹو کے دور میں پھیلا ہوا تھا آج اس سے کہیں زیادہ ہے۔ لیکن آج سچ لکھنے کی کمی ہے۔ کمی ہے حوصلے کی۔ پریم چند نے اس موضوع پر جو افسانہ لکھا وہ آج کے پس منظر میں شاید اتنا سچا نہیں معلوم ہوتا۔ ان کا افسانہ 'جہاد' بھی فرقہ واریت کے مسئلے کو مرکز میں رکھ کر لکھا گیا ہے۔ لیکن اس افسانہ میں چند پٹھانوں کے کردار کو اس طرح دکھایا گیا ہے گویا کہ وہ زبردستی کسی سے مذہب تبدیل کرنے کی بات کر رہے ہیں۔ ایسا نہ ہونے پر وہ اسے قتل کر دیتے ہیں۔ اس افسانے میں ہمیں فرقہ واریت کا مسئلہ دکھائی ضرور دیتا ہے۔ لیکن صرف تبدیلی مذہب کی بنیاد پر کسی کو قتل کر دیں ایسا شاذ و نادر ہی ہوتا ہے۔ راجندر سنگھ بیدی اپنے افسانے 'لاجونتی' کی ابتدا اس طرح کرتے ہیں:

> "بٹوارا ہوا اور بے شمار زخمی لوگوں نے اٹھ کر اپنے بدن پر سے خون پونچھ ڈالے اور پھر سب مل کر ان کی طرف متوجہ ہو گئے۔ جن کے بدن صحیح و سالم تھے۔ لیکن دل زخمی، گلی گلی، محلے محلے میں پھر بساؤ کمیٹیاں بن گئی تھیں اور شروع شروع میں بڑی تندہی کے ساتھ 'کاروبار میں بساؤ' زمین پر بساؤ اور گھروں میں بساؤ پروگرام شروع کر دیا گیا تھا۔ ایک پروگرام ایسا تھا جس کی طرف کسی نے توجہ نہ دی تھی۔ وہ پروگرام مغویہ عورتوں کے سلسلے میں تھا جن کا سلوگن تھا 'دل میں بساؤ' اور اس پروگرام کی نارائن باوا کے مندر اور اس کے آس پاس بسنے والے قدامت پسند طبقہ کی طرف سے بڑی مخالفت ہوئی تھی۔"

یہ چند سطریں ہی اس بات کے ثبوت کے لیے کافی ہیں کہ تقسیم اور ہجرت کا درد کیا تھا۔ نہ جانے وہ کس طرح کے لوگ تھے جو اس صدمے کو برداشت کر گئے۔ شاید وہ لوگ اعلیٰ کردار والے تھے برداشت کا مادہ ان میں آج کے لوگوں سے زیادہ تھا۔ ان لوگوں نے زبردستی قتل کر کے بدلے کی آگ کو ٹھنڈا نہ کیا بلکہ صبر کر گئے۔ اس قیامت صغریٰ نے ملک کا کیا حشر کیا اس بات سے سب واقف ہیں۔

منٹو کے مختلف افسانوں میں یہ موضوع الگ الگ پہلوؤں کے ساتھ موجود ہے۔ موذیل، کھول دو، ٹوبہ ٹیک سنگھ، ان تمام میں انسانی فطرت کے مختلف پہلو ہیں اور ان تمام کا اصل مرکز فرقہ واریت ہے۔ موذیل میں مرکزی کردار جو کہ ایک لڑکی ہے وہ انسانیت کی خاطر اپنی جان گنوا دیتی ہے۔ ایسا وہ کسی بے گناہ کو موت سے بچانے کے لئے کرتی ہے۔ ٹوبہ ٹیک سنگھ میں پاگل خانہ میں قید شخص یہ جان کر کہ کل تک جس ملک کا

شہری تھا اب وہ اس ملک کا نہیں رہا بلکہ دوسرے ملک کا ہو گیا۔ یہ کیفیت اس کے دماغ کو جھنجھوڑ دیتی ہے۔ وہ سمجھ نہیں پاتا کہ ایک ہی جگہ رہتے ہوئے آخر ایسا کیسے ہو سکتا ہے۔ وہ ایک دردناک کرب سے گزر رہا ہے۔ فرقہ واریت کا سب سے بھیانک پہلو منٹو کا افسانہ 'کھول دو' ہے۔ اس میں بھی مرکزی کردار ایک عورت ہے۔ تقسیم کے دوران فرقہ پرستوں کے ہاتھوں اس کا جو انجام ہوتا ہے وہ اس کے دل و دماغ سے سوچنے کی صلاحیت کو ختم کر دیتا ہے جو ڈاکٹر اس کا علاج کر رہا ہوتا ہے وہ اس کی بے ساختہ حرکت پر جس قدر شرمندہ ہوتا ہے اور پسینے سے تر ہو جاتا ہے۔ اس سے ہم کردار کی ذہنی کیفیت کا بخوبی اندازہ لگا سکتے ہیں۔ فرقہ پرستی کا یہ لرزہ خیز انجام ایک عام انسان کے لیے سمجھ سے پرے ہے۔ اس ملک میں فرقہ واریت تو انگریزوں کے دور میں ہی جڑ پکڑ چکی تھی۔ لیکن تقسیم کے وقت اور اس کے بعد بھی اس آگ نے ملک کا جو حشر کیا ہے وہ ہمارے اور آپ کے سامنے ہے۔ افسوس تو یہ ہے کہ حد درجہ فرقہ پرست افراد خود کو غلط راہ پر نہ سمجھتے ہوئے اس بات پر فخر کر رہے ہیں اور خوشی کے شادیانے بجا رہے ہیں۔

اکیسویں صدی میں بھی اس برائی نے ہمارا پیچھا نہیں چھوڑا۔ یہی وجہ ہے کہ آج کا فن کار بھی اس موضوع پر لکھنا ضروری سمجھتا ہے۔ اس برائی کا شکار کئی شاعر و ادیب بھی ہوئے۔ ساحر اپنی والدہ کے لیے پریشان رہے بعد میں معلوم ہوا کہ ان کے ہندو دوست نے ان کی والدہ کو پناہ دے رکھی تھی۔ مشہور شاعر جنھیں میر کے لہجے کا شاعر کا کہا گیا یعنی مرحوم کلیم عاجز بھی اس کرب کو جھیل چکے ہیں۔ کن کن لوگوں کا ذکر کیا جائے۔ نہ جانے ان لاکھوں لاشوں کا کون وارث تھا یا وہ سب یوں ہی لاوارث اپنے انجام کو پہنچ گئیں۔ ٹرینوں میں، بسوں میں، سڑکوں پر دونوں جانب جو لاشیں ملیں ان کا کوئی پرسان حال نہ ہوتا۔ نسیم حجازی نے بھی اس جانب اشارہ کیا ہے۔ جب اس ملک کی دونوں نمائندہ قومیں قومی یک جہتی کی مثال پیش کرتی ہیں تو ماحول کیسا ہوتا ہے یہ دیپک کنول کی تحریر میں دیکھیے۔ وہ اپنے افسانے 'گوپال پورہ کا پجاری' میں جو منظر کشی کرتے ہیں وہ اس طرح ہے:

> "ایک زمانے میں یہاں کشمیری ہندوؤں کی اچھی خاصی تعداد آباد تھی۔ یہاں ہندو اور مسلمان ایک ساتھ شیر وشکر بن کر رہتے تھے۔ ندی کے اس طرف اگر کاشی ناتھ کا گھر تھا تو اسی ندی کے دوسری طرف محمد شعبان کا گھر تھا۔ کاشی ناتھ اور محمد شعبان پڑوسی ہونے کے ساتھ ساتھ لنگوٹیا یار بھی تھے۔ ان کی یاری دوستی کی گوپال پورہ کے لوگ قسمیں کھایا کرتے تھے۔ کاشی ناتھ ایک پیشہ ور دکاندار تھا جب کہ محمد شعبان زمیندار ہونے کے ساتھ گاؤں کا مقدم بھی تھا۔ کاشی ناتھ کا گھر تو گوپال پورہ میں تھا مگر اس کا بیشتر وقت پہلگام میں گزرا کرتا تھا کیونکہ اس کی کرانے کی دوکان پہلگام میں تھی۔ دوکان بھی کوئی چھوٹی موٹی نہیں بلکہ پہلگام کے بازار میں اس کی سب سے بڑی ہول سیل کی دوکان ہوا کرتی تھی جہاں گاہکوں کا تانتا لگا رہتا تھا۔ سب سے زیادہ اس کے گاہک پہلگام اور اڑو کے گوجر ہوا کرتے تھے۔"

اسی افسانے میں بظاہر دو مختلف مذہب کے لوگوں کی گہری دوستی بتائی گئی ہے لیکن اس میں آگے چل کر کہانی میں موڑ آجاتا ہے اور وہ علاقہ جو امن کی مثال تھا فرقہ واریت کی آگ میں جل اٹھتا ہے۔ افسانہ نگار کے یہ جملے سنیے:

> "کئی سال بیت گئے۔ کشمیر تشدد کی آماجگاہ بن چکا تھا۔ بزم گاہ رزم گاہ میں تبدیل ہو چکی تھی۔ نہتے اور بے قصور لوگ مر رہے تھے۔ کوئی نہیں جانتا تھا کہ یہ قہر کہاں جا کے رکے گا۔"

یہ جملے ہمیں بتاتے ہیں کہ سیاست دانوں نے کشمیر جیسی جنت کو کس طرح جہنم بنانے میں کوئی کسر نہیں چھوڑی۔ فرقہ واریت کے مسائل پر بات ہو اور کشمیر کا ذکر نہ ہو یہ نہیں ہو سکتا۔ ملک کا یہ واحد صوبہ ہے جو کئی دہائیوں سے اس بربریت کا شکار ہے۔

افسانہ نگاروں نے فرقہ واریت کی زد میں آنے والے لوگوں کے خوف اور بے بسی کی تصویر کشی بھی کی ہے۔ جب ہم کسی ایسی کہانی کو پڑھتے ہیں تو خوف کی ایک لہر ہمارے جسم میں محسوس ہونے لگتی ہے۔ موت کو قریب سے دیکھنے پر جو خوف چہرے پر آجاتا ہے اس کی عکاسی افسانہ نگار کرتا ہے۔ پانچ افراد جب فساد کے خوف سے ایک جگہ ہو

جاتے ہیں اور ان میں سے کوئی بھی بستی چھوڑ کر جانا نہیں چاہتا۔ نہ جانے کی ان کی اپنی الگ الگ وجہ ہیں۔ ان میں سے ایک کہتا ہے:

> ''جب موت ایک انسان دوسرے انسان پر مسلط کرتا ہے تو وہ بہت بھیانک ہو جاتی ہے... میں نے جنگ میں اپنی آنکھوں سے دیکھا ہے۔ انسان جنگ میں وحشی ہو جاتا ہے یا پھر اس سے بھی زیادہ۔''

یہ مختصر اقتباس طاہر نواز کے افسانے 'ایک رات کی کہانی' سے ہے۔ کردار جو بات کہہ رہا ہے ذرا اس پر غور کیجیے کہ موت جب انسان کسی کو دیتا ہے تو وہ وحشی بن جاتا ہے یا اس سے بھی زیادہ۔ جب انسان انسانیت چھوڑ دیتا ہے تو وہ وحشی ہی ہوگا۔ وحشت اور بربریت کے اس برہنہ رقص کو انسانی نسل کئی بار دیکھ چکی ہے۔ یہ رقص ختم ہونے کا نام ہی نہیں لے رہا۔ ارباب اقتدار کی بے جا خواہشوں نے ہمیشہ ہی اس کی آبیاری کی ہے۔ یہاں افسانہ نگار انسانیت کا درس دینا نہیں بھولا جب وہ ایک کردار کی زبان سے یہ الفاظ ادا کرواتا ہے: ''جس نے ایک شخص کو ہلاک کیا گویا اس نے پوری انسانیت کو ہلاک کیا اور جس نے ایک شخص کی جان بچائی گویا اس نے پوری انسانیت کی جان بچائی۔''

محمد حسن عسکری لکھتے ہیں:

> ''اب تک اردو میں فسادات پر جو افسانے لکھے گئے ہیں ان میں اکثر و بیشتر چند مخصوص خیالات کی حمایت کے لیے لکھے گئے ہیں۔ ان افسانوں کا بنیادی خیال یہ ہے کہ ان فسادات میں بہیمیت کا اظہار ہوا ہے وہ بہت بڑی چیز ہے۔ یہ افسانے اس بہیمیت کے خلاف نفرت پیدا کرنا چاہتے ہیں اور ساتھ ہی اس کی وجہ بھی ڈھونڈتے ہیں۔ وجہ یہ ہے کہ ایسی بربریت عام طور سے انسانوں میں نہیں ہوتی۔ یہ تو سیاسی حالات نے پیدا کی ہے اور یہ سیاسی حالات اور یہ نفرت انگریزوں نے اپنے سیاسی فائدے کے لیے پیدا کی ہے۔ انگریزوں کی ایک چال ہندوستان کی تقسیم ہے۔ اگر تقسیم نہ ہوئی ہوتی تو فسادات بھی نہ ہوئے ہوتے اور ہندو مسلمان بھائیوں کی طرح رہتے۔''

خیال رہے کہ محمد حسن عسکری کی کتاب 'انسان اور آدمی' ۱۹۷۶ میں شائع ہوئی تھی۔ یہ تو سچ ہے کہ دونوں قوموں کے درمیان نفرت کا بیج بونے کی ابتدا انگریزوں نے کی۔ لیکن میری ناقص رائے میں اس کے لئے کلی طور پر انگریزوں کو ہی قصور وار ٹھہرانا انصاف نہیں ہے۔ اگر ایسا ہی ہوتا تو ہمیں آزادی کے بعد شیر و شکر ہو جانا تھا۔ لیکن ایسا نہیں ہوا۔ وجہ ظاہر ہے کہ نفرت کا زہر کچھ لوگوں نے پوری طرح عوام کے ذہنوں میں ڈال دیا ہے۔ عسکری صاحب کی یہ بات سو فیصد درست ہے کہ اس معاملے میں سیاسی حالات اہم کردار ادا کرتے ہیں۔ شاید سیاست میں محبت اور رواداری کا کوئی مقام نہیں ہوتا ہے۔ کم از کم پچھلے ۷۵ سالوں کی سیاست تو ہمیں یہی سبق دیتی ہے۔

فسادات معمولی باتوں کی وجہ سے بھی ہو جاتے ہیں۔ جب لوگوں کے دلوں میں نفرت کا لاوا ابال پر آجاتا ہے تو یہ معمولی باتوں پر پھوٹ پڑتا ہے۔ پروفیسر افسانہ خاتون اپنے افسانے 'ایک اور قربانی' میں لکھتی ہیں:

> ''یہی وہ جگہ، یہی وہ محلہ اور یہی وہ گلیاں تھیں جہاں بس چند روز قبل خون کی ہولی کھیلی گئی تھی، انسان، انسان کے خون کا پیاسا ہو رہا تھا۔ جو اپنے تھے وہ بیگانے بن گئے تھے، جو پڑوسی تھے وہ دشمن بن گئے تھے۔ سارے رشتے تار تار ہو گئے تھے۔ جن سے بھائی بہن کا ناطہ تھا، وہ دشمنی کے رشتے میں تبدیل ہو چکا تھا۔ وجہ کوئی خاص نہیں تھی۔ کچھ بچے کھیل کھیل میں آپس میں لڑ گئے تھے۔ بچے تو بچے ہی ہوتے ہیں، وہ لڑتے ضرور ہیں، مگر بہت جلد ان کا من مٹاؤ ختم بھی ہو جاتا ہے اور وہ پھر یوں شیر و شکر ہو جاتے ہیں جیسے کبھی لڑے ہی نہیں تھے۔ اتنی سی بات ساری دنیا کے لوگ جانتے ہیں۔ مگر ان کے دلوں میں جو جما جمایا بغض ہوتا ہے۔ اسے پرتشدد اظہار کے لیے ایسے ہلکے پھلکے مواقع کی تلاش رہتی ہے۔''

افسانہ خاتون نے جو بات کہی وہ بہت حد تک سچ ہے۔ عام طور سے اخبارات میں بھی فرقہ وارانہ فسادات کی جو خبریں شائع ہوتی ہیں اس کی ابتدا معمولی باتوں سے ہی ہوتی ہے۔ فسادات یا فرقہ وارانہ موضوعات پر لکھنا اتنا آسان نہیں، جتنا عام طور سے خیال کیا جاتا ہے۔

اگر افسانہ نگار محض اس لئے لکھ رہا ہو کہ وہ ان موضوعات پر لکھ کر خود کو انسانیت کا دوست ثابت کرنا چاہے تو یہ غلط ہو جائے گا۔ حسن عسکری اپنے مضمون 'منٹو فسادات پر' میں قحط بنگال کا حوالہ دیتے ہیں پھر اس کے بعد کچھ یوں لکھتے ہیں:

> ''پھر قحط کچھ ٹھنڈا پڑا تو جہازیوں کی ہڑتال شروع ہوگئی۔ کہیں فتح کے جشن میں ہنگامہ ہوگیا۔ غرض کسی نہ کسی طرح کاروبار چلتا رہا اور جب سنہ ۴۷ء کے فسادات ہوئے تو گویا اللہ میاں نے چھپر پھاڑ کے دیا۔ جی چاہے تو المیہ افسانہ لکھئے ورنہ طنزیہ مضمون ہوسکتا ہے۔ انسانوں کی درندگی برداشت کیجیے۔ سامراج کی چالاکیوں کا پردہ چاک کیجیے۔ ان باتوں سے جی بھر جائے تو کچھ عورتوں کی بے حرمتی کے ذکر سے گرمی پیدا کیجیے۔ موقعے موقعے سے یہ بھی دکھاتے چلئے کہ اس بہیمیت کے ساتھ ساتھ رحم دلی اور انسانی ہمدردی کے نمونے بھی ملتے ہیں۔ پھر بھولا سامنھ بنا کر تعجب کیجیے کہ ہندو مسلمانوں کی عقل کو کیا ہوگیا کل تک تو بھائی بھائی تھے آج ایک دوسرے کے خون کے پیاسے کیسے ہوگئے؟ بس خطرہ یہ رہ جاتا ہے کہ کہیں آپ کے اوپر جانب داری کا الزام نہ آجائے۔''

ان تمام باتوں سے یہ معلوم ہوتا ہے کہ فرقہ واریت پر لکھنا افسانہ نگاروں کے لئے ہمیشہ ہی پسندیدہ موضوع رہا ہے۔ لیکن ایسا نہیں کہ انھوں نے اس موضوع کا انتخاب اپنے قلم کو مشہور کرنے کے لئے کیا بلکہ ان کے دلوں میں انسانیت کے لیے ایک جذبہ تھا۔ لہٰذا ہم یہ کہہ سکتے ہیں کہ افسانہ نگاروں نے ہر حال میں لوگوں کی تکلیفوں کو منظر عام پر لانے کی ہر ممکن کوشش کی ہے۔ ■

دہشت گردی کا مسئلہ اور اردو افسانہ

ایم مبین

دہشت گردی نے اردو ادب پر نمایاں اثرات مرتب کیے ہیں، مختلف ادیبوں، شاعروں اور فنکاروں نے اپنی تخلیقات میں دہشت گردی کے رجحان، اس کے اسباب، نتائج اور مضمرات پر غور کیا ہے، جواب دیا ہے یا چیلنج کیا ہے۔

ادب، انسانی تخلیقی صلاحیتوں اور ابلاغ کی ایک شکل کے طور پر، تشدد اور دہشت گردی کے خوف کو چیلنج کرنے اور انسانیت کی اقدار اور امیدوں کو فروغ دینے کی صلاحیت رکھتا ہے۔

اردو زبان و ادب نے ہمیشہ عصری حسیت کو اپنے اندر جذب کر کے وقوع پذیر واقعات اور صورت حال کی عکاسی کی ہے، دہشت گردی بھی اس سے اچھوتی نہیں رہی ہے۔

اردو افسانہ میں ملکی اور عالمی دہشت گردی کے اثرات نمایاں طور پر دیکھے جاسکتے ہیں۔

اگر ہم دہشت گردی کی تاریخ اور اس کی تعریف پر نظر ڈالیں تو آزادی سے قبل ہی اس کی جڑیں ملک میں مضبوط ہوگئی تھیں۔ وہ ایک طرح سے سرکاری دہشت گردی تھی، جب اپنے نظریات کے خلاف کام کرنے والے ہندوستانیوں کو غدار قرار دے کر ان کو خوفناک سزائیں دی جاتی تھیں۔ بلکہ اپنے حقوق کا مطالبہ کرنے والوں کو بھی گولیوں سے بھون دیا جاتا تھا۔

اس دہشت گردی کا سب سے بڑا واقعہ جلیان والا باغ کا قتل عام ہے۔ اس کی بازگشت ایک عرصے تک اردو اور ہندستانی ادب میں چھائی رہی جس سے اردو افسانہ بھی اچھوتا نہیں رہ سکا۔

سعادت حسن منٹو کا جلیان والا باغ کے پس منظر میں لکھا افسانہ 'دیوانہ شاعر' جو کتاب میں '1919 کی ایک رات' کے نام سے شامل ہے، میں انھوں نے نہ صرف اس واقعہ کی عکاسی کی ہے بلکہ انگریز حکومت کے خلاف احتجاج بھی کیا ہے۔ منٹو نے اس سرکاری دہشت گردی کے خلاف بڑی بے باکی سے اپنے خیالات کا اظہار کیا ہے اور اپنا احتجاج درج کرایا ہے، منٹو کے بیشتر افسانوں میں یہ احتجاج نظر آتا ہے۔

پھر چاہے وہ 'نیا قانون' ہو 'ٹوبہ ٹیک سنگھ' ہو یا پھر 'ٹھنڈا گوشت' تقسیم کے ہولناک فسادات بھی ایک طرح سے ہولناک قسم کی دہشت گردی تھی۔ اس پر تو اردو افسانہ میں بہت کچھ لکھا گیا ہے، بلکہ یہ کہا جائے تو بے جا نہ ہو گا کہ تقسیم ہند پر لکھا گیا اردو ادب اور اردو افسانہ اردو کا بیش بہا سرمایا ہے۔

قدرت اللہ شہاب کا طویل افسانہ 'یا خدا' حیات اللہ انصاری کا 'شکر گزار آنکھیں' وشو ناتھ درد کا 'ٹیبل لیمپ' خواجہ احمد عباس کا 'سردار جی' کرشن چندر کا 'پیشاور ایکسپریس' وغیرہ اس کی مثالیں ہیں۔

آزادی کے بعد دہشت گردی کا سب سے بڑا واقعہ ہندوستان کی تاریخ میں مہاتما گاندھی کے قتل کا ہوا ہے۔ یہ اسی تنظیم اور نظریات کی کارستانی تھی جو آج کل پورے عروج پر ہے۔ اردو افسانے میں اس کے خلاف احتجاج میں نہ صرف کئی افسانے لکھے گئے بلکہ ایک منظم طریقہ سے اس دہشت گردی کے خلاف احتجاج بھی کیا گیا۔

کرشن چندر نے اپنے افسانے 'بت جاگتے ہیں' میں اس کو بڑی خوبی سے پیش کیا ہے۔

اردو افسانہ عالمی دہشت گردی کے واقعات سے بھی اچھوتا

نہیں رہ سکا ہے۔فلسطینیوں کی جدوجہد آزادی کو ہمیشہ دوہرے میزان پر تولا گیا ہے۔ ایک طرف تو کچھ ادیب اس کو فلسطینیوں کے حق کی لڑائی قرار دیتے ہیں دوسری طرف زونسٹ نظریات کا حامل میڈیا اور ادیب اس کو دہشت گردی قرار دے کر ساری دنیا میں شور مچاتا رہتا ہے اور فلسطینیوں کے حقوق کو کچلنے کی حمایت کرتا ہے۔

اردو زبان میں اس موضوع پر بے شمار افسانے موجود ہیں۔ لیکن قرۃ العین حیدر کا افسانہ 'یہ غازی یہ تیرے پر اسرار بندے' سنگ میل کی حیثیت رکھتا ہے۔اس کا پس منظر میونخ اولمپک کھیلوں میں اسرائیلی کھلاڑیوں کے قتل کا واقعہ ہے۔لیکن مصنفہ نے واضح طور پر ان لوگوں کو دہشت گرد قرار نہ دے کر اپنے حقوق کے لیے جدوجہد کرنے والے قرار دیا ہے۔اور ان کے کرب و درد کو بیان کرتے ہوئے ان کی ذہنی حالت کی عکاسی کی ہے۔

فسادات جو ایک طرح کے فاشسٹ نظریے کے طور پر کرائے جاتے ہیں، ایک طرح سے کھلی دہشت گردی ہے۔ آزادی کے بعد ہندوستان کے لوگوں نے اس درد کو بہت سہا ہے۔ چاہے وہ مراد آباد کا فساد ہو احمد آباد کا ہو یا پھر بھیونڈی یا کہیں کا بھی۔

لیکن ایک منظم دہشت گردی اور قتل عام کی مثال آسام کے نیلی میں پیش آنے والا قتل عام اور دہشت گردی کا واقعہ ہے جس میں دو سو سے زائد افراد کو قتل کر کے دریا میں بہا دیا گیا تھا۔

اس موضوع پر نکہت پروین کا افسانہ 'خون کا دریا' قارئین کو جھنجھوڑ کر رکھ دیتا ہے۔ افسانہ گاؤں کی ندی سے کچھ پانی بھرنے والیوں کے بارے میں ہے، جو روزانہ گاؤں کی ندی سے پانی بھرتی ہیں۔ ایک دن دیکھتی ہیں کہ ندی کے پانی میں خون آرہا ہے اور پھر پوری ندی خون کے دریا میں تبدیل ہو جاتی ہے۔ اور پھر ندی میں لاشیں بہہ کر آنے لگتی ہیں۔

گجرات فسادات، بابری مسجد کی شہادت کے بعد ممبئی میں ہونے والے فسادات، ممبئی میں بم دھماکے، ممبئی ٹرین دھماکے اور ممبئی حملہ گذشتہ دو دہائیوں میں دہشت گردی کی بری وارداتوں میں شامل ہیں۔

ممبئی کے افسانہ نگاروں نے خاص طور پر ان پر قلم اٹھایا ہے۔ کیونکہ وہ ان کا شکار ہوئے ہیں۔سلام بن رزاق کے افسانوں میں خاص طور پر اس کا اثر دکھائی دیتا ہے۔ ان کے افسانے 'باہم' اور 'چادر' اس کی مثالیں ہیں۔

مظہر سلیم کے بیش تر افسانوں پر اس کا اثر دکھائی دیتا ہے۔ان کے افسانے 'جڑیں'، 'وہ دونوں'، 'پرندہ' وغیرہ انھی واقعات سے متاثر ہو کر لکھے گئے ہیں یا پھر انھی واقعات کے ارد گرد گھومتے ہیں۔

راقم حروف کے افسانوں کے مجموعے 'نئی صدی کا عذاب' کا موضوع ہی دہشت گردی تھا۔ اس مجموعے کے زیادہ تر افسانے ملکی اور عالمی دہشت گردی کے موضوع پر ہیں۔

دہشت گردی کا ایک اور بڑا واقعہ جو پیشاور میں پیش آیا تھا جہاں اسکول کے معصوم بچوں کا قتل عام کیا گیا تھا، وہ بھی اردو افسانے کا موضوع رہا۔ نذیر فتحپوری نے تو اس واقعے پر ایک پوری کتاب 'پیشاور کی ۲۴ کہانیاں' لکھ دی ہے۔ اس میں شامل تمام کہانیاں اسی موضوع پر ہیں۔ اس سے متاثر ہو کر راقم نے بھی افسانے 'مجاہد' اور 'سہمے ہوئے پھول' لکھے ہیں۔

غرض اردو افسانے میں دہشت گردی ایک چھوٹا سا موضوع نہیں ہے۔ جامعات کے لیے یہ ایک تحقیق کا موضوع ہے جو کافی مشکل اور محنت طلب ہے۔ ■

حیات اللہ انصاری کے فنی اور فکری تشخصات

ڈاکٹر رضوان احمد

حیات اللہ انصاری ایک کثیر الجہات شخصیت ہیں۔ انھوں نے جہاں اردو صحافت کو ایک وقار اور معیار بخشا وہیں اردو ادب کو معیاری فکشن عطا کیا اور تنقید لکھی تو ان کا تنقیدی زاویہ نظر ان کے معاصرین سے الگ تھا۔ ہندستان کی سماجیات اور سیاسیات پر ان کی بہت گہری نظر تھی۔ سماج اور سیاست کا ہر زاویہ ان کی نگاہوں میں تھا۔ اس لیے انھوں نے افسانے لکھے تو اس میں معاشرے کی ساری سچائیاں اور حقیقتیں سمٹ آئیں۔ وہ اپنے عہد کے ایک ایسے افسانہ نگار تھے، جنھوں نے اپنے زاویۂ نظر اور اسلوب کے ذریعے سے ایک بڑے حلقے کو متاثر کیا۔ ان کے معاصرین نے بھی ان کی تخلیقی ہنرمندی کی داد دی اور بعد کی نسل نے بھی ان کی فنی اور فکری عظمتوں کو سراہا۔ وہ ترقی پسند افسانہ نگاروں میں نمایاں حیثیت رکھتے ہیں۔ انھوں نے بہت سے ایسے افسانے لکھے ہیں، جن کو مارکسی تصور کا اعلیٰ ترین نمونہ قرار دیا جاسکتا ہے۔ انھوں نے سماج کے ان طبقات کو اپنے افسانوں کا موضوع بنایا جنھیں صدیوں سے نظرانداز کیا جارہا تھا یا جو محرومی اور استحصال کا شکار تھے۔ ان کے افسانوں میں ہندستانی معاشرت کی مکمل تصویر ملتی ہے۔

حیات اللہ انصاری نے جو افسانے تخلیق کیے، ان میں 'بڈھا سود خوار'، 'ڈھائی سیر آٹا'، 'آخری کوشش'، 'کمزور پودا'، 'بارہ برس کے بعد'، 'ٹھکانہ'، 'بھیک'، 'شکستہ کنگورے'، 'خلاص'، 'بے وقوف'، 'ادھوری' وغیرہ شاہ کار افسانے ہیں۔

'بڈھا سود خوار' کے عنوان سے جو پہلا افسانہ تحریر کیا تھا، یہ ایک ایسے شخص کی کہانی ہے جو نہ صرف پیسہ جمع کرنے کے چکر میں اپنے گھر والوں کی ضروریات ہی نہیں بلکہ اپنے پاؤں کے علاج تک سے گریز کرتا ہے۔ درد کی شدت کے باعث لنگڑا کر چلتا ہے مگر وہ صرف یہی سوچتا رہتا ہے کہ کس طرح دو پیسے بچالے۔ اپنی بیمار بیوی کو بھی ڈاکٹر کے پاس لے جانے کے بجائے گولر کا پتا کھلاتا ہے۔

سدھامل۔ ''فائدہ دینا نہ دینا تو بھگوان کے اختیار میں ہے۔ لوگ سینکڑوں روپے دواؤں میں خرچ کر ڈالتے ہیں اور پھر بھی فائدہ نہیں ہوتا۔ لالہ جگن ناتھ کہتے تھے کہ ایک دفع ان کے گاؤں میں بخار پھیلا، آدھا گاؤں تہس نہس ہوگیا۔ کسی ڈاکٹر وید سے کچھ نہ ہوسکا تب کہیں سے ایک سادھو آ گیا جس نے لوگوں کو گولر کے پتے بتائے۔ لوگوں نے پینا شروع کیے۔ آٹھ ہی دن میں سب چنگے ہوگئے۔ بزرگوں کی زبان میں بھی عجیب تاثیر ہوتی ہے۔''

یہ کہہ کر سدھامل کراہا اور اپنی ٹانگ کی کل بدلی۔

سندری۔ ''پتا جی اماں کے پینے کے لیے عرق منگوا دیجیے۔ پیاس بہت ہے، پانی پیتی ہیں تو کلیجے میں لگتا ہے۔''

سدھامل۔ ''عرق بھی کلیجے میں لگے گا، اور دوسرے گولر کے پتوں کے ساتھ پانی ہی پیا جاتا ہے۔''

سدھامل انتہائی درجے کا کنجوس اور بخیل ہے۔ حتیٰ کہ اپنے بیوی بچوں کو بھی پیٹ بھر کھانا کھانے نہیں دیتا۔ دراصل وہ ایک طرح کے رسم و رواج کے شکنجے میں جکڑا ہوا انسان ہے جو نہیں چاہتا کہ سماج میں کم تر نظر آئے۔ اسی لیے اسے ہر وقت پیسہ بچانے کی فکر لاحق ہوتی ہے۔

سدھامل ایک ایسا کردار ہے جو ایک بورژوائی سماج کے تصورات کا نمائندہ نظر آتا ہے۔ حیات للہ انصاری نے اس کردار کی

ساری کیفیات بتاتے ہوئے دراصل اس پورے نظام کے منہ پر زوردار طمانچہ لگاتے ہیں جسے انسانی اقدار سے زیادہ مادی منفعت عزیز ہے۔ ڈاکٹر سید عابد جیسے دانش ور نے بھی اس افسانے کی اہمیت اور معنویت کو واضح کرتے ہوئے لکھا ہے:

> ''ایسے افسانے تو اردو میں نظر ہی نہیں آتے۔ 'بڑھا سود خوار' افسانہ ان کی اس فکر کی عکاسی کرتا ہے جو انسان اور انسان کے استحصال کے کرب سے پیدا ہوتی ہے، یہ افسانہ ایک ایسی حقیقت نگاری کی اعلیٰ مثال ہے جس میں آواز احتجاج کی گونج بھی پنہاں ہے۔''(۱)

'ڈھائی سیر آٹا' حیات اللہ انصاری کا وہ افسانہ ہے جس کے بارے میں ناقدین کا خیال ہے کہ یہ اردو کا اولین مارکسسٹ افسانہ ہے۔ بھوک کی خاطر انسان کس طرح کے مصائب و آلام کو برداشت کرتا ہے۔ اس کی ایک عمدہ مثال یہ 'ڈھائی سیر آٹا' افسانہ ہے۔ اس افسانے کی حقیقت نگاری کی سبھی نے تعریف کی تھی۔ اس افسانے کا مرکزی کردار مولا ایک مزدور ہے۔ دن بھر مزدوری کرتا ہے اور اس کی کمائی صرف ساڑھے چار آنے ہوتی ہے۔ مکان کا کرایہ ایک آنہ اور بنئے کا قرض بھی ایک آنہ، آٹا، دال، چاول، آلو، لکڑی اور تنگ گلی یہ مولا کی زندگی کا ایک منظر ہے۔ اس افسانے کے اندر مزدوروں کے دکھ، درد اور اذیت کو حقیقت پسندانہ انداز میں پیش کیا ہے مولا کی غربت کی تصویر کھینچتے ہوئے حیات اللہ انصاری نے لکھا ہے کہ ''مولا ایک پرانی دری اوڑھے تھا جس میں سیکڑوں چھید تھے'' اس سے مولا کی مفلسی کا اندازہ لگایا جا سکتا ہے۔ جب مولا ڈھائی سیر آٹے کی تلاش میں نکلتا ہے اور سڑک پر پڑا ہو ڈھائی سیر آٹا اچانک مل جاتا ہے۔ اس کیفیت کو حیات اللہ انصاری نے افسانے میں اس طرح پیش کیا ہے:

> ''مولا کے قدم اتنی جواں مردی سے آٹے کی طرف بڑھ رہے تھے گویا وہ کسی ڈوبتے لڑکے کو دریا سے نکالنے جا رہا ہے۔ آٹے کے پاس پہنچ کر اطمینان سے بیٹھ گیا۔ اپنا انگوچھا پھیلا دیا اور آٹا اٹھانے لگا۔''

اس افسانے میں گیہوں کا آٹا ایک طرح سے نعرہ حیات ہے۔ اسی کے اوپر ان غریبوں کی زندگی ٹکی ہوئی ہے۔ ڈاکٹر عشرت ناہید اس افسانے کے حوالے سے لکھتی ہیں:

> ''بے لاگ اور سفاک حقیقت نگاری حیات اللہ انصاری کی نمایاں خوبی ہے جو کہ اس افسانے میں بھی پوری طرح نظر آتی ہے۔ غربت کی عکاسی جس طرح کی گئی ہے، وہ انداز اس عہد کے دوسرے افسانہ نگاروں کے یہاں دکھائی نہیں دیتا۔ غریبی کی لائن سے نیچے جینے والے انسانوں کے جذبات کی عکاسی حیات اللہ انصاری نے اپنے مشاہدے کی تیزی سے کام لے کر کی ہے اور ایک مخصوص نقطہ نظر کو جس فن کاری سے پیش کیا ہے وہ گویا انھی کا حصہ ہے۔ دولت اور غربت دونوں نے انسانوں کے درمیان ایک بڑی ناقابل تسخیر خلیج حائل کر دی ہے اور مذکورہ بالا افسانہ اسی کی بہترین مثال قرار پایا ہے۔''(۲)

'آخری کوشش' بھی حیات اللہ انصاری کا وہ شاہ کار افسانہ ہے، جسے بعض ناقدین پریم چند کے افسانہ 'کفن' کی ترقی یافتہ شکل بھی قرار دیتے ہیں۔ اس افسانے میں بھی وہی سماجی، معاشی بدحالی کا نقشہ ہے جس پر مارکسی تخلیق کار زور دیتے رہے ہیں۔ اس کہانی کا کردار 'گھسیٹے' ہے جو ساری انسانیت کو بالائے طاق رکھ کر اپنی مادی خواہشات اور عیش وعشرت کے لیے نہ صرف اپنی ماں سے بھیک منگواتا ہے بلکہ اپنے سگے بھائی 'فقیرا' کا بھی قتل کر دیتا ہے۔ یہ ایک ایسا افسانہ ہے جو مارکسی تصور کی مکمل عکاسی کرتا ہے۔ اس افسانے میں بنیادی مسئلہ روٹی کا حصول ہے، جس کی خاطر گھسیٹے ماں، بھائی سب کو نہ صرف قربان کر دیتا ہے بلکہ وہ انسانیت کا بھی گلا گھونٹتا ہے صرف اور صرف روٹی کی خاطر وہ اپنی بوڑھی ماں کے ساتھ جو رویہ اختیار کرتا ہے وہ انتہائی شرم ناک ہے۔ حیات اللہ انصاری نے اس بوڑھی ماں کی جو مرقع نگاری کی ہے وہ ملاحظہ فرمائیں:

> ''یہاں چیتھڑوں کے انبار میں دفن ایک انسانی پنجر پڑا تھا، جس پر مرجھائی ہوئی بد رنگ گندی کھال ڈھیلے کپڑوں کی

طرح جھول رہی تھی سر کے بال بیمار بکری کی دم کے نچلے بالوں کی طرح میل کچیل میں لتھڑ کر نمدے کی طرح جم گئے تھے۔ گال کی جگہ ایک پتلی سی کھال رہ گئی تھی۔ ننگے سینے پر چھاتیاں لٹک رہی تھیں جیسے بھیجی ہوئی الٹی ہنڈی کی خالی جیبیں۔ چہرے کی ایک ایک جھری سخت گھناؤنی مصیبتوں کی مہر تھی۔ جسے دیکھ کر بے اختیار ڈھاریں مار کر رونے کو جی چاہتا تھا۔"

حیات اللہ انصاری نے اس افسانے میں شہری ذہنیت پر گہرا طنز بھی کیا ہے اور ہندستان کی لٹتی ہوئی تہذیب اور مقدس رشتوں کی پامالی کو بیان کیا ہے کہ کس طرح گھسیٹے جیسا کردار اپنے مفاد کے لیے ممتا، محبت اور رشتوں کو قربان کر دیتا ہے۔ مجید مضمر نے اس کہانی کے حوالے سے بہت اہم بات لکھی ہے:

"اس افسانے کی بنیادی علامت بوڑھی ماں کی ہے جو وسیلۂ گداگری بن جاتی ہے۔ یہ تہذیب کی علامت بھی ہے، وحدت کی علامت بھی، مقدس رشتوں کی تکمیل کی علامت بھی اور دھرتی ماں کی علامت بھی۔" (۳)

اس افسانے کی خوبی یہ ہے کہ یہ تکنیکی اعتبار سے بہت ہی عمدہ ہے۔ جو کہ تلازمۂ خیال کی تکنیک کا ایک عمدہ نمونہ ہے۔ فنی اور فکری دونوں لحاظ سے یہ نہایت کام یاب اور بہترین افسانہ ہے۔

ڈاکٹر آصف اقبال کی اس رائے سے مکمل طور پر اتفاق کیا جاسکتا ہے کہ:

"آخری کوشش' تلازمۂ خیال کی تکنیک کا بہترین نمونہ ہے۔ اس میں خوش نما منظری احساس کے بالمقابل انسانی دکھوں کی داستان لکھ دی گئی ہے۔" (۴)

حیات اللہ انصاری کی ایک اور کہانی 'کمزور پودا' غریبوں کے استحصال سے جڑی ہوئی ہے۔ حیات اللہ انصاری نے اس افسانے میں زمین دارانہ نظام کے جبر اور استحصال کی بہت ہی حقیقت پسندانہ عکاسی کی ہے اور یہ بتایا ہے کہ زمین دار طبقہ کس طرح غریبوں، محروموں کا استحصال کرتا ہے۔ اس افسانے میں 'پودا' کو لڑکی کی ایک علامت کے طور پر پیش کیا گیا ہے۔ کیوں کہ لڑکیاں کم زور ہوتی ہیں اور کنیز تو حقیقی اعتبار سے بھی ایک کم زور پودا ہے۔ کیوں کہ وہ غریب طبقے سے تعلق رکھتی ہے۔ اور مہاجن کے گھر میں کام کاج کرتی ہے۔ وہ شبیر میاں سے بے پناہ عشق کرتی ہے اور اپنی وفا کا ہر ثبوت پیش کرتی ہے۔ اس کے غم میں اپنی صحت بھی برباد کر لیتی ہے مگر شبیر میاں بے وفائی کرتے ہیں۔ وہ محلے والوں کے طنز کا شکار بھی ہوتی ہے جس کے نتیجے میں وہ گھر سے بھاگ جاتی ہے۔ کنیز کا گھر سے بھاگنا اس کے والدین کے لیے شرمندگی اور ندامت کا باعث بھی بنتا ہے۔ کنیز کی یہ حرکت والدین کو ناگوار گزرتی ہے اور وہ کنیز کو مارتے پیٹتے ہیں، جس سے اس کے پیٹ کا آٹھ مہینے کا بچہ مر جاتا ہے۔

"باپ ڈانٹ کر بولا:

"کنیز یا!"

کنیز ڈر سے کانپتی ہوئی اتری۔ اترتے ہی باپ نے ایک گھونسا مارا اور پھر لکڑی اٹھا کر چار پانچ ضربیں لگائیں۔ کنیز دروازے سے گزر کر انگنائی میں گر پڑی۔ باپ نے ایک لات رسید کی۔ پھر بھی غصہ کم نہیں ہوا۔ برابر گالیاں دیے جا رہا تھا۔ آخر ماں کو ترس آ گیا۔

"کیا مار ڈالو گے؟ وہ بچاری کرتی کیا؟ تم نے ہی اس کی زندگی اجیرن کر دی تھی۔ زمین دار کے مکان میں نوکر رہ کر آج تک کوئی لڑکی بچی ہے؟"

اس سے زمین دار طبقہ کی ذہنیت کا آسانی سے اندازہ لگایا جاسکتا ہے۔ اونچے طبقے کی یہی وہ نفسیات ہے جس کی سزا غریب طبقے کو جھیلنی پڑتی ہے۔ صاحب ثروت لوگ کس طریقے سے ایک معصوم، مفلس، کم زور اور بھولی بھالی لڑکی کی عزت وآبرو سے کھیلتے ہیں اور سماج میں دھڑلے سے برائیاں پھیلاتے ہیں۔

اردو ادب: کچھ جائزے (مضامین) 37 مرتب : ادارہ پیش رفت

'بھیک' بھی اسی نوعیت کی کہانی ہے جس میں حیات اللہ انصاری نے غربت کی حقیقت پسندانہ عکاسی کی ہے۔ اس کا ایک کردار کیلاش ہے اور دوسرا رجنی ہے۔ رجنی بہت ہی غریب ہے، جس کے کئی بھائی بہن ہیں۔ خود بھی وہ بہت کم عمر لڑکی ہے۔ مگر جدوجہد کرتی رہتی ہے تا کہ وہ اپنے چھوٹے چھوٹے پانچ بھائی بہنوں کی اچھی طرح پرورش کر سکے۔ وہ پہاڑ پر آنے والے مسافروں کا سامان ڈھو کر کچھ پیسہ کماتی ہے۔ کیلاش نام کا ایک مسافر اپنی بہنوں کے ساتھ بیماری کے افاقے کے لیے پہاڑ کی سیر کے لیے آتا ہے اور اس چھوٹی سی دس بارہ سال کی لڑکی پر ترس کھا کر اپنے پاس نوکری پر رکھنے کا فیصلہ کر لیتا ہے اور اگلے دن بنگلہ پر پہنچنے کے لیے کہتا ہے۔ رجنی کو اتنی خوشی ہوتی ہے کہ وہ رات بھر سو نہیں پاتی اور اگلی صبح کا بے چینی سے انتظار کرنے لگتی ہے۔

کیلاش کے وعدے پر اعتبار کر کے وہ پھولے نہیں سماتی اور اگلے دن اپنے چھوٹے بھائی بہنوں کے ساتھ پہاڑ کی مشکلات بھرے سفر کو طے کر کے اس مقام پر پہنچ جاتی ہے، جس کے بارے میں کیلاش نے اسے بتایا تھا۔ کیلاش لڑکی کے ساتھ اس کے پانچ بھائی بہنوں کو دیکھتا ہے تو وہ اپنا وعدہ اور دریا دلی بھول جاتا ہے اور یہ سوچ کر کہ ان سب کی پرورش ناقابل برداشت بوجھ ہے وہ بھیک میں دو روپے دے کر انھیں رخصت کر دیتا ہے۔ کیلاش کی یہ حرکت دیکھ کر رجنی کے ساتھ ساتھ اس کے چھوٹے بھائی بہن کا دل بھی بجھ سا جاتا ہے اور ان سب کی خوشی ایک لمحے میں مایوسی میں بدل جاتی ہے۔ اور رجنی اپنے تمام بھائی بہنوں کے ساتھ پہاڑ کا اذیت بھرا سفر طے کر کے بھوکے، پیاسے اپنے گھر کی طرف لوٹتی ہے۔ اس کیفیت کی بہت ہی خوب صورت عکاسی حیات اللہ انصاری نے یوں کی ہے:

> ''سورج ڈوبنے پر یہ لوگ اپنی اس پرانی کوٹھری میں پہنچے جہاں بھوک تھی اور سردی تھی، خوف تھا اور ان تینوں کے سوا کچھ نہ تھا۔''(۶)

حیات اللہ انصاری نے اس افسانے میں اونچے طبقے کی کھوکھلی ہمدردی اور محبت پر گہرا طنز کیا ہے اور یہ واضح کیا ہے کہ پیٹ کی بھوک ایسی ہمدردی کے الفاظ سے نہیں مٹ سکتی۔ آج کی دنیا میں جھوٹی تسلیاں دینے والے تو مل جاتے ہیں مگر حقیقی غم خوار اور غم گسار ڈھونڈے سے بھی نہیں ملتے۔ رجنی کے چھوٹے بھائی بہنوں کو جس تحفظ اور کفالت کی ضرورت تھی، اس کے لیے ہمارا معاشرہ بالکل بھی تیار نہیں۔ ان بچوں کو ہمدردی نہیں تحفظ چاہیے۔ مگر ہمارا سماج اس معاملے میں نہایت بے حس اور خود غرض ہے۔ اس لیے رجنی جیسی بچیوں کے حصے میں صرف محرومیاں اور مایوسیاں ہی آتی ہیں۔

''بھرے بازار میں'' مہذب کہلانے والے سماج کی دوغلی ذہنیت، قول و فعل کے تضاد اور غریبوں پر جبر اور استحصال کو بڑی عمدگی سے بیان کیا ہے۔ اس افسانے کا مرکزی کردار 'رکھی' ہے۔ جسے حالات کی ستم ظریفی نے طوائف بنا دیا ہے۔ یہ پوری کہانی اسی کے اردگرد گھومتی ہے۔ کلکتہ کے فٹ پاتھ پر رہنے والی ایک پیشہ ور عورت رکھی کا بچپن اوسط درجے کے ماحول میں گزرا ماں کا پیار بھی ملا۔ ماں اسے نہلاتی اور دھلاتی تھی اور صاف ستھرے کپڑے پہنا کر اس کے لیے گڑیا بھی بنایا کرتی تھی مگر حالات ایسے بدلے کہ ماں کی سرپرستی سے محروم ہو گئی اور عین عالم شباب میں روزی روٹی کے لیے کلکتہ چلی گئی، جہاں وہ ایک سڑک چھاپ طوائف بن گئی۔ بچے کی ولادت اور ہلاکت کے بعد وہ چیچک کے مرض میں مبتلا رہی۔ اس دوران میں اس نے یہ محسوس کیا کہ جو لوگ اسے جان و دل سے چاہتے تھے، اب اسے دیکھنے تک کے لیے تیار نہیں۔ وہ بعد میں صحت مند ہو جاتی ہے، مگر اس کی یہ بیماری اسے یہ سبق دے جاتی ہے کہ وہ لوگ جو شریف اور مہذب کہلاتے تھے اور وہ صرف اس کے گراہک تھے۔ ہاں وہ لوگ جو برے کہلاتے تھے، انھوں نے رکھی کی مدد کی۔ اس سے مہذب لوگوں کی دوغلی ذہنیت کا پتا چلتا ہے۔ یہ اقتباس دیکھیے:

> ''بارہ روز بیمار رہی۔ اچھے لوگ ایسی بری عورت کے قریب کیا پھٹکتے، برے لوگوں نے اس کی خبر لی۔ پورن

نے دکان کے نیچے پڑے رہنے دیا، مہابیر، کلو نے دودھ
لا کر اور کھانے پینے کی چیز دی۔ خیر برے دن کٹ گئے۔
دو چار روز میں پھر گالوں پر رونق آجائے گی اور پھر وہی
پارک کی تفریحیں ہوں گی اور نگاہوں کو رجھانا۔" (۷)

'بھرے بازار میں' حقیقت نگاری کا ایک عمدہ نمونہ ہے، انھوں نے سادہ اسلوب میں ایک عورت کی نفسیات اور اس کی گرہیں کھولنے کی کوشش کی ہے۔ یہ افسانہ مہذب معاشرے کی نفسیات پر گہرا طنز ہے۔ حیات اللہ انصاری نے سماج کی گندی ذہنیت کو اس افسانے کے ذریعے سے اجاگر کیا ہے۔ انور سدید نے اس افسانے پر لکھتے ہوئے یہ واضح کیا ہے کہ رکھی ایک گندی عورت ضرور ہے مگر اس سے زیادہ گندہ اور غلیظ ہمارا مہذب معاشرہ ہے۔ وہ لکھتے ہیں:

"اس محدود وقت میں بھی حقیقت کشائی اس طرح کی گئی
ہے کہ پورا معاشرتی عمل ہمارے سامنے موثر انداز میں
آجاتا ہے اور افسانے کا سادہ بیانیہ اسلوب ایک ایسے
حزنیہ نغمے کو جنم دے ڈالتا ہے جو ٹوٹے ہوئے ستار کے
تاروں سے مرتعش ہو رہا ہے اور جس کی لپیٹ میں 'رکھی'
نہیں آتی بلکہ پورا معاشرہ آجاتا ہے۔" (۹)

موضوعی اعتبار سے دیکھا جائے تو حیات اللہ انصاری نے غربت، استحصال اور سماجی عدم مساوات کے خلاف اپنے قلم کا استعمال کیا ہے۔ سید احمد قادری اس حوالے سے لکھتے ہیں:

"حیات اللہ کے افسانوں کے موضوعات متنوع ہیں۔
لیکن ایک موضوع ایسا ضرور ہے جس کا اثر بڑی شدت
سے قبول کیا ہے۔ اور وہ ہے غربت، مفلسی، مجبوری،
بے بسی، دکھ، درد، کرب، گھٹن... ایسا محسوس ہوتا ہے
کہ حیات اللہ انصاری نے اتر پردیش کے نچلے اور متوسط
طبقے کی مفلوک الحالی، ان کے سماجی اور اقتصادی مسائل کا
مطالعہ ومشاہدہ بڑی باریکی سے کیا ہے۔" (۱۰) ■

حواشی:

۱۔ حیات اللہ انصاری کی کہانی کائنات، ڈاکٹر عشرت ناہید، ایجوکیشنل پبلشنگ ہاؤس، دہلی، ۲۰۱۷ ص ۲۰

۲۔ ایضاً، ص ۲۸

۳۔ اردو کا علامتی افسانہ، ڈاکٹر مجید مضمر، نیو لیتھو آرٹ پریس، دہلی، ۱۹۹۰، ص ۶۳

۴۔ جدید افسانہ تجربہ اور امکانات، ڈاکٹر آصف اقبال، ایجوکیشنل پبلشنگ ہاؤس، دہلی، ۲۰۰۷، ص ۶۶

۵۔ اردو افسانے کا تنقیدی مطالعہ ۱۹۴۷ تا ۱۹۷۰، ڈاکٹر مہناز انور، نصرت پبلشرز، ص ۱۱۹

۶۔ حیات اللہ انصاری، افسانہ بھیک، افسانوی مجموعہ، شکستہ کنگورے، کلاں محل، دہلی، ص ۲۰۸

۷۔ حیات اللہ انصاری، بھرے بازار میں، مکتبہ اردو، لاہور، ص ۸۵

۸۔ قطب اللہ، حیات اللہ انصاری اپنے تجربات کے آئینے میں، حیات اللہ انصاری نمبر، اکادمی لکھنو، ص ۸۴

۹۔ حیات اللہ انصاری کے افسانے، مشمولہ حیات اللہ انصاری کے بہترین افسانے، ڈاکٹر انور سدید

۱۰۔ افسانہ اور افسانہ نگار، سید احمد قادری، مکتبہ غوثیہ گیا، بہار، ۲۰۰۸، ص ۶۷-۶۸

نئے افسانے میں ماحولیات

پروفیسر اسلم جمشید پوری

اردو افسانہ آج جس مقام پر ہے، وہاں کوئی بھی موضوع اس سے باہر نہیں ہو سکتا۔ خواہ آنر کلنگ ہو، ہجومی تشدد یا می ٹو ہو، میرا جسم میری مرضی، علاقائیت ہو یا دہشت گردی، فرقہ پرستی ہو دلت مسائل، حب الوطنی کا نیا رنگ روپ ہو یا ماحولیات یا اس کے تحفظ کی بات ہو، آج اردو افسانے میں سبھی طرح کے موضوعات مل جاتے ہیں۔ ایسا بھی نہیں کہ صرف موضوعات کا استعمال ہو بلکہ فنّی تقاضوں کے عین مطابق تخلیقیت میں ڈھل کر افسانے یا کہانی کا ملبوس پہنتا ہے۔

نئی صدی میں متعدد افسانہ نگاروں نے بالکل نئے مسائل پر توجہ صرف کی ہے۔ آج کے ترقی یافتہ عہد میں آلودگی (Pollution) ایک بڑے مسئلے کے طور پر سامنے آیا ہے۔ ہوا، پانی، مٹی دن بہ دن آلودہ ہوتے جا رہے ہیں۔ دنیا کی ترقی، آلودگی کا سبب بن رہی ہے۔ بموں کے دھماکے، کمپنیوں سے نکلنے والا کثیف دھواں اور زہریلی گیس۔ ٹریفک سے اُگلتا ہوا ڈیزل اور پٹرول کا فضلا، نالی اور نالوں کے گندے پانی سے، پانی کی آلودگی اور طرح طرح کے کھاد سے مٹی کی آلودگی، دن بہ دن انسان کے لیے مضر ہوتی جا رہی ہے۔ ایسے میں انسان ہی نہیں، جانوروں، درختوں اور پانی کے لیے خطرہ مزید بڑھ گیا ہے۔ پانی کی سطح، روز بروز کم ہوتی جا رہی ہے۔ ہم پانی کا بے دریغ استعمال کرتے ہیں اور اپنے بعد آنے والی نسل کے لئے پانی کے تحفظ کے بجائے قلت کا سبب بن رہے ہیں۔ درختوں کے کٹان سے بارشوں کی کمی اور مٹی کے کٹاؤ میں اضافہ ہونے لگا ہے۔ ایک طرف جہاں یہ مسائل ہیں تو دوسری طرف ان سے نبرد آزما ہونے کی کوششیں بھی ہیں۔ بہت ساری NGO اور سرکاریں شجر کاری، پانی کی تقطیر Water Purification، سولر لائٹس، پٹرول کی جگہ CNG کا استعمال بھی بڑھا ہے۔

پاکستان کے مشہور و معروف فکشن نگار، جنھوں نے اپنے ناولوں اور افسانوں سے نہ صرف پاکستان بلکہ پوری اردو دنیا میں اپنی ایک الگ شناخت قائم کی ہے۔ میں خالد فتح محمد کی بات کر رہا ہوں۔ خالد فتح محمد نے اپنے افسانوں میں نئے زمانے کے مسائل کا بہتر طور پر استعمال کیا ہے۔ ماحولیات کے تعلق سے انہوں نے کئی افسانے تخلیق کئے ہیں۔ افسانہ 'صاف چادر' میں انہوں نے سڑک پر بڑھتے ٹریفک اور اس سے پیدا ہونے والے مسائل کی طرف ہماری توجہ مبذول کرائی ہے۔ آپ بھی افسانے کا یہ اقتباس ملاحظہ فرمائیں:

> ''شاہ راہ پر دھواں روز بروز بڑھتا جا رہا تھا۔ خداداد کو سڑک پر پیپل، ٹاہلی اور جامن کے پرانے درختوں کو دیکھ کر رونا آتا۔ وہ درخت زندہ تو تھے لیکن ان کی روح دم توڑ چکی تھی۔ پیپلوں پر گوہلیں نہیں لگ رہی تھیں، جامن بھی برسات میں خالی رہتے اور ٹاہلیوں کے پتے اپنی شکل ہی بدل گئے تھے۔ تمام درختوں کی رنگت خاکستری ہو گئی تھی۔ وہ کبھی ان درختوں کو دیکھتا اور کبھی ٹریفک کے دھواں اگلتے اژدہوں کو۔ وہ سوچتا کہ انسان اس وقت تک زندہ ہے۔ جب تک یہ درخت سلامت ہیں اور درخت تب ہی بچ سکیں گے۔ اگر دھواں نہ ہو، اور اس کا علاج صرف بارش ہے۔ اس دن خداداد نے نماز پڑھنے کے بعد بارش کے لیے اس وقت تک دعا مانگنے کا فیصلہ کیا۔ جب تک کہ فضا کی چادر دھل کر مکمل طور پر صاف نہ ہو جائے اور ٹریفک کے بجائے تمام سڑکوں پر پانی کی

نہریں چلنا شروع ہو جائیں! مگر پھر اس نے سوچا:

''اگر ایسا ہو گیا تو اس کے بیٹے کا رکشہ...؟''

(افسانہ صاف چادر، خالد فتح محمد، ہمعصر اردو افسانہ، مرتب اے خیام، ص۔۱۵۰)

ہمارے نئے افسانہ نگاروں نے اس مسئلہ کی طرف مثبت اقدام کیا ہے۔ مہتاب عالم پرویز کا افسانوی مجموعہ 'کارواں' گزشتہ برسوں منظر عام پر آیا ہے۔ یوں تو عمومی طور پر مہتاب جدید لب و لہجے کے افسانہ نگار ہیں اور علامتوں اور تشبیہات میں افسانہ بیان کرتے ہیں۔ لیکن ان کے یہاں بعض سہل ممتنع کے افسانے بھی ملتے ہیں۔ ان کا افسانہ 'کارواں' ماحولیات کو در پیش خطرات کی عمدگی سے عکاسی کرتا ہے۔ مہتاب عالم پرویز خود کویت میں اپنی زندگی کا ایک طویل عرصہ گذار چکے ہیں۔ انہوں نے پرندوں کی زندگی، ہجرت، ہوم سکنیس (Home Sicknes) وغیرہ کو عمدگی سے افسانہ کیا ہے 'کارواں' ان کا بے حد خوب صورت افسانہ ہے، جس میں مرکزی کردار سعودی عرب کے سنگلاخ ریگستان میں اونٹوں کی دیکھ ریکھ کا کام کرتا ہے۔ جہاں اچانک زہریلی گیس کا رساؤ ہوتا ہے۔ ایسے میں کمپنی کے مالکان اونٹوں کی حفاظت کے لیے ماسک کا استعمال کرواتے ہیں۔ حیوانوں کی زندگی اتنی قیمتی ہے جب کہ انسانی زندگی اُسی تعفن میں دم گھٹنے کا شکار ہو جاتی ہے:

''ہر طرف زہریلی گیس نے اونٹوں کے دل کی دھڑکنوں میں اپنے اثرات پیوست کر دیے تھے جب کہ Safety کا پورا خیال رکھا گیا تھا۔ خون کی الٹیاں اپنا اثر دکھا رہی تھیں۔ اونٹوں کے بلبلانے کی آوازیں ماحول کی نحوست میں اور بھی اضافہ کر رہی تھیں... اونٹوں کو اس طرح بلبلاتے اور خون کی الٹیاں کرتے دیکھ کر میں بھی پریشان تھا...''

(کارواں، افسانوی مجموعہ کارواں، مہتاب عالم پرویز، ۲۰۱۳)

'کارواں' میں مہتاب عالم پرویز نے ماحولیات کے ساتھ ساتھ انسانی زندگی کی آلودگی کو بھی پیش کیا ہے۔ مصنف کی موت ایک سوال چھوڑ جاتی ہے۔ مہینوں سرد خانے میں پڑی اس کی لاش، ذہنوں کی آلودگی کو پیش کرتی ہے۔ کہانی حکومت ہند کے طریقہ کار پر بھی سوال اٹھاتی ہے کہ وہ غیر ممالک میں کام کرنے والے اپنے لوگوں کی بقا اور تحفظ کے لیے کیا اقدام کر رہی ہے؟ مہتاب عالم پرویز کا یہ افسانہ ایک طرف ماحولیات کے تحفظ کا کام کرتا ہے تو دوسری طرف قاری کے ذہن میں انسان کے تحفظ سے متعلق سوال چھوڑ جاتا ہے۔

ماحولیات میں مٹی، پانی، ہوا اور وہ سارا ماحول آتا ہے جس کا تعلق زندگی سے ہے۔ پانی اور درختوں کے تحفظ کو مہ جبیں نجم اپنے افسانے 'بے جڑ کا پودا' میں فنی مہارت سے پیش کرتی ہیں۔ کہانی میں ایک درخت اور اس کا نگہبان، دو کردار ہیں۔ دونوں ایک دوسرے کا خیال رکھتے ہیں۔ دونوں میں بہت محبت ہے۔ آہستہ آہستہ یہ لگن اور محبت کم ہوتی جاتی ہے۔ درخت سوکھنے لگتا ہے۔ کوئی اُسے پانی سے سیراب کرنے والا نہیں ہے۔ کہانی علامتی انداز میں بیان کی گئی ہے اور کہانی میں دو واضح سطحیں سامنے آتی ہیں۔ پیڑ کی شکل میں ایک عورت کی پیاس بھی موجزن ہے جب کہ ظاہری اعتبار سے کہانی پیڑ کے سوکھنے کا بیان ہے۔ کہانی آج کے تحفظ ماحولیات مشن Save Environment Mission کو عمدگی سے پیش کرتی ہے۔ ہمیں سبق دیتی ہے کہ ہمیں پانی کا تحفظ کرنا چاہیے تا کہ پیڑ پودوں، سب کو پانی دستیاب ہو سکے۔ دوسرے ہمیں یہ بھی سبق دیتی ہے کہ ہم کو اپنی زندگی کے لیے بھی پیڑوں اور درختوں کو زندہ رکھنا ہے، ان کی رکھوالی کرنی ہے، ان کو محفوظ رکھ کر اور صحیح استعمال کرتے ہوئے ہم پیڑ پودوں کو بھی زندگی دے سکتے ہیں اور پیڑ پودے ہماری زندگی کے ضامن بن سکیں گے۔ کہانی کے اختتام پر پیڑ کا نگہبان اپنی غلطی محسوس کر کے رو پڑتا ہے اور پیڑ کے لیے پانی کی تلاش میں نکل پڑتا ہے:

''نہیں، نہیں...'' نگہبان پھوٹ پھوٹ کر رویا۔

''میں ایسا ظلم نہیں ہونے دوں گا۔ میں تم کو ہمیشہ ہرا بھرا رکھوں گا۔'' پھر وہ کچھ سنبھل کر بولا:

"تمھارے لیے سب سے زیادہ ضرورت تو پانی کی ہے۔"

نگہبان مجھے دلاسہ دے کر پانی کی تلاش میں نکل پڑا۔

> دن ڈھل گیا، وہ نہیں لوٹا تو مجھے تشویش ہونے لگی۔ مگر رات کے پر پھیلانے سے پہلے وہ لوٹ آیا۔ بد حال... تھکا ماندہ... مگر اس کے ہاتھوں میں پانی دیکھ کر میرے نا زک وجود میں سرور کی لہریں دوڑ گئیں۔ اس نے وہ پانی مجھ پر چھڑ کا تو مجھے لگا جیسے میرے تن سے جڑیں پھوٹ رہی ہوں۔"

(بے جڑ کا پودا، افسانوی مجموعہ پیاس، مہ جبیں نجم، ۲۰۰۴)

پانی کی ضرورت اور اس کے تحفظ کی اہمیت بتاتے ہوئے افسانہ 'بے جڑ کا پودا' ہمیں ہماری ذمہ داری کا احساس کراتا ہے اور ہمیں ماحولیات کے تحفظ پر آمادہ کرتا ہے۔ پانی آج ہماری زندگی میں بہت اہمیت اختیار کر گیا ہے۔ عام زندگی میں پانی کا بے جا استعمال کرتے ہیں۔ بے دریغ خرچ کرتے ہیں۔ جب کہ آج بھی بہت سے ایسے علاقے ہیں جہاں انسان پانی کی بوند بوند کو ترستا ہے۔ میلوں فاصلے سے پانی ڈھو کر لانے والوں سے پانی کی اہمیت دریافت کی جائے۔ پانی کے بے جا استعمال سے پانی کے بحران کے خطرات بڑھ گئے ہیں۔ کیا آپ نے کبھی سوچا ہے کہ اگر زمین پر پانی نہ ہو تو کیا ہوگا؟ انسانی زندگی کہاں جائے گی؟ درخت، چرند، پرند کیا کریں گے؟

پاکستان کے نئی نسل کے ممتاز افسانہ نگار حمید شاہد نے اس وقت لکھنا شروع کیا جب پاکستان میں سیاسی بدعنوانیاں عروج پر تھیں۔ فوجی جرنیلوں کی من مرضی چل رہی تھی۔ حکومت پر تنقید کرنا یا لکھنا، موت کو دعوت دینا جیسا تھا۔

حمید شاہد نے اپنے افسانوں اور ناول سے ادب کی فضا ہموار کرنے کی کوشش کی۔ انھوں نے علامت کا سہارا لے کر اپنی بے لاگ بات اپنے افسانوں میں پیش کی۔ ان کے افسانے صرف پاکستان ہی نہیں پوری اردو دنیا میں مقبول ہوئے۔ انھوں نے نئے انداز سے غور و فکر کرنے پر قاری کو مجبور کیا۔ ماحولیات میں ابھی تک ہوا، مٹی، پانی، حیوانات، وغیرہ کی بات ہوتی تھی۔ حمید شاہد نے اطلاعات کے دن رات کے ہجوم کو بھی ماحولیات کے لیے بہت خطرہ بتایا۔ آپ بھی ان کے ایک افسانے کا اقتباس دیکھیں:

> "ہاں انفارمیشن گاربیج ایک ڈھیر ہے معلومات کا جو انٹرنیٹ کے ذریعے سے بہا چلا آتا ہے۔ اس میں ننگی عورتیں بھی ہیں اور سائنسی فارمولے بھی۔ یہاں بے ہودہ مرد اور جنسی لذتیں بھی ہیں اور شعر و ادب کے چسکے کا سامان بھی۔ چلتے فیشن کی چڈی، نئے ڈیزائن کی نائیٹی، چٹ پٹے لطیفے، امریکہ کی دھمکیاں، تیل کی چڑھتی ہوئی قیمتیں جسے جو کچھ جاننا ہوتا ہے، اسے اچک لیتا ہے۔ یہ ساری معلومات ہم اپنے بچوں کو بھی دینا چاہتے ہیں۔"

(افسانہ، گکلی کلیر دی، محمد حمید شاہد)

پانی کے موضوع پر اردو میں یوں تو بے شمار افسانے ہیں۔ لیکن ہم یہاں نئے اردو افسانے کی مثال پیش کر رہے ہیں۔ 'آب حیات' ایک نئے موضوع پر لکھا گیا اچھا افسانہ ہے۔ پانی کے ایک نئے مسئلے کی طرف فرقان سنبھلی نے ہماری توجہ مبذول کرائی ہے۔ افسانے کا مرکزی کردار عادل ہے جسے سیاروں پر جانے کا بڑا شوق ہے۔ اس کا شوق پورا ہوتا ہے اور وہ ایک سیارہ پر پہنچ جاتا ہے۔ وہاں اس کی ملاقات عدینہ سے ہوتی ہے جو اس سیارے کی راج کماری ہے۔ سیارہ زمین کی طرح آباد ہے۔ سب کچھ زمین جیسا ہی ہے۔ لیکن رونق اور کشش ہر جگہ غائب ہے۔ عادل عدینہ کا سرکاری مہمان بن جاتا ہے۔ سیارہ پر عادل کو پیاس لگتی ہے تو پتہ چلتا ہے کہ یہاں سب کچھ ہے پر پانی نہیں، نہ نہانے کے لیے، نہ پینے کے لیے۔ عادل بہت پریشان ہو جاتا ہے:

"پلیز مجھے ایک گلاس پانی دے دو۔" عادل نے عدینہ سے ونتی کی۔

"کاش کہ میں تمھارے لیے پانی لا سکتی۔" عدینہ نے عادل کا

ہاتھ پکڑ کر بڑے مایوس انداز میں کہا:

"کیا تمھارے سیارے پر پانی نہیں ہے۔" عادل نے پوچھا، پانی کی طلب سے اس کا برا حال تھا اور اس کا گلا خشک ہو رہا تھا۔"

"ہمارا سیارہ بھی تمھاری زمین کی طرح کبھی بڑا ہرا بھرا تھا۔ یہاں جھیلیں، تالاب اور ندیاں بھی تھیں اور سمندر بھی۔ زمین کی طرح یہاں بھی حسین موسم ہوتے تھے۔"

(آب حیات، افسانوی مجموعہ آب حیات، فرقان سنبھلی، ۲۰۱۰)

عادل کو پانی کی جگہ شربت پینے کو دیا جاتا ہے جس کے کئی گلاس ختم کرنے پر بھی اس کی پیاس ختم نہیں ہوتی اور وہ ہر پل پانی کے لیے بے چین رہتا ہے۔ عدینہ اس کو چاہتی ہے۔ اس کے لیے کچھ بھی کر سکتی ہے لیکن پانی دستیاب کرنا اس کے لیے مشکل ہی نہیں ناممکنات میں سے ہے۔ جب عادل کی پانی کی خواہش شدید ہو جاتی ہے تو وہ اسے لے کر ایک اسٹیڈیم میں آجاتی ہے جہاں ۵ کلومیٹر کی ایک ریس کا اہتمام ہو رہا ہے۔ عدینہ کے جوش دلانے پر عادل بھی اس دوڑ میں حصہ لیتا ہے کہ دوڑ کے فاتح کو ایک خاص انعام ملنے والا ہے 'آب حیات'۔ عادل پوری طاقت، ہمت اور جرأت سے ریس جیت لیتا ہے لیکن گر پڑتا ہے اور پانی طلب کرتا ہے جب کہ اس کو فاتح کے انعام کے طور پر آب حیات کا جار دیا جاتا ہے۔ وہ منہ لگا دیتا ہے۔ آب حیات کی شکل میں پانی اس کے حلق میں پہنچتا ہے اور اس کی پیاس بجھاتا ہے۔ عادل سوچتا ہے کہ یہ مقابلہ آب حیات یعنی پانی کے لیے ہے جو ہماری زمین پر یوں ہی بے کار بہتا رہتا ہے۔ کہانی پانی کی اہمیت و افادیت اور ماحولیات کے تحفظ کی طرف بلیغ اشارہ کرتی ہے۔ ایک جگہ عدینہ اپنے سیارے کے بارے میں بتاتی ہے:

"ہمارے سیارے پر ہر سہولت اور ہر شے موجود ہے جو کسی بھی آکاش گنگا میں پائی جاتی ہوگی۔ لیکن ہمارے بزرگوں نے ترقی کی اندھی خواہش میں نہ صرف کنکریٹ کے جنگل کھڑے کیے بلکہ تالاب پاٹ ڈالے، ہرے بھرے پیڑ کاٹ ڈالے اور یہاں تک قدرت کے ساتھ دشمنی کی کہ سیارے کی آب و ہوا آلودہ ہوگئی، پانی سوکھ گیا۔ ندی نالے ختم ہو گئے۔ یہاں کی مخلوق پانی کی قلت سے تل تل مرنے لگی۔"

(آب حیات، افسانوی مجموعہ آب حیات، فرقان سنبھلی، ۲۰۱۰)

فرقان سنبھلی نے پانی کے مسئلے کو بخوبی افسانوی رنگ عطا کیا ہے۔ نئے اردو افسانے نے پانی کا کیسا کیسا مسئلہ اپنے اندر سمویا ہے۔ اختر آزاد پانی کے مسئلے کو نئے سیاق و سباق میں کہانی 'پانی' میں پیش کرتے ہیں۔ یہاں بھی پانی ایک مسئلہ ہے۔ اختر نے جنوب کی دو ریاستوں کے مابین ندی کے پانی کی تقسیم کے مسئلے کو افسانہ کر کے پانی کی اہمیت و افادیت اور اس کے تحفظ کو یقینی بنانے پر زور دیا ہے اور یہ بھی ثابت کیا ہے کہ پانی قدرت کا عطیہ ہے۔ اس پر کسی خاص قوم، مذہب، ریاست، ملک کا قبضہ نہیں ہونا چاہیے۔ یہ تو عالم انسانیت کے لیے ہے کہانی کی شروعات ہی قاری کو جھنجھوڑ دیتی ہے:

"ہماری زندگی پانی کے بغیر عذاب بن گئی ہے۔"

"دنیا کے تین چوتھائی حصے میں پانی ہونے کے باوجود ہم سب پانی کی ایک ایک بوند کے لیے تڑپ رہے ہیں... نہ ہمارے نلوں میں ٹھیک سے پانی پہنچتا ہے اور نہ ہی ہمارے کھیت سیراب ہو پاتے ہیں۔ نہ ہم بجلی پیدا کر سکتے ہیں اور نہ فیکٹری لگا سکتے ہیں۔"

"اپنے گھر آئے پڑوسی مہمان 'ب' کے سامنے آدھا گلاس پانی پیش کرتے ہوئے 'الف' کی آنکھیں اشک بار ہوگئیں۔"

(پانی، افسانوی مجموعہ ایک سمپورن انسان کی گاتھا، اختر آزاد، ۲۰۰۵)

کہانی دو ریاستوں کے مابین ندی کے پانی کے بٹوارے کے مسئلے سے شروع ہوتی ہے اور طے پاتا ہے کہ باندھ بنا کر دونوں پانی جمع کریں اور پھر مساوی طور پر پانی تقسیم ہو۔ باندھ کی تعمیر ہوتی ہے۔

باندھ مکمل ہونے پر افتتاح ہوتا ہے۔ ہر طرف خوشیاں ہی خوشیاں ہیں کہ اچانک موسم خراب ہو جاتا ہے۔ زبردست طوفان، بارش، ہوا... خوشیاں پہلے غم اور بعد میں تباہیوں میں بدلنے لگتی ہیں۔ تباہی کا دور کئی دن چلتا ہے۔ پھر ہر طرف پانی ہی پانی ہے۔ مدد اور تعاون کو سرکاری اور غیر سرکاری امداد آنی شروع ہو جاتی ہے۔ ہر طرح کا سامان مظلوموں اور تباہ حال لوگوں کو تقسیم کیا جا رہا ہے لیکن پینے کا پانی لانا سب بھول جاتے ہیں۔ ایسے میں مخالف گروہ، گندے پانی کو فلٹر کر کے بوتلوں میں بھر کر جائے واردات پر بھیجتا ہے۔ پانی کی بوتلوں پر لکھا ہے: ''واٹر از یوزفل فور آل'' یعنی پانی سب کی ضرورت کے لیے ہے۔ کہانی ہمیں پانی کے تحفظ کا سبق دیتی ہوئی ختم ہو جاتی ہے۔

اس موضوع پر نیاز اختر کے مجموعے 'بوڑھے برگد کا انت' میں کئی افسانے موجود ہیں۔ 'گدھ'، 'بوڑھے برگد کا انت'، 'تپتی زندگی'، 'افعی'، نیاز اختر کی ایسی کہانیاں ہیں، جن سے ہوا، پانی، درخت اور جانوروں کے تحفظ کا پیغام ملتا ہے۔ دراصل آج ماحولیات کے تحفظ کی جو تحریک چل رہی ہے، اس میں تخلیق کار اپنی تخلیق سے سماج میں بیداری لانے کا کام کر رہا ہے اور اپنی ذمے داری کو بخوبی ادا کر رہا ہے:

> ''اچانک ہوا کا ایک تیز و تند جھکڑ آیا جس کی زد میں آ کر بوڑھے کے پاؤں اُکھڑ گئے اور وہ کسی کٹے ہوئے پیڑ کی طرح دھم سے زمین پر گر پڑا۔ بوڑھے کو زمین پر گرتے دیکھ کر تیکھی عورت کے دل میں ہمدردی کا جذبہ اُبھر آیا اور اس نے جلدی سے ایک چلّو پانی اس کے منھ پر ڈال دیا۔ ایک دوسری عورت نے اپنی بھری دیگچی اس کے ماتھے پر اُنڈیل دی لیکن بوڑھا تو بے حس و حرکت پڑا تھا۔ اس کی تشنگی مٹ چکی تھی۔ وہ تپتی زندگی سے نجات پا چکا تھا۔''

(افسانہ، تپتی زندگی، نیاز اختر، مجموعہ بوڑھے برگد کا انت)

نیاز اختر کا ایک اور افسانہ دیکھیں۔ یہ افسانہ ماحولیات کے تحفظ کی سرکاری کوششوں کو بے نقاب کرتا ہے:

> ''ٹھیکیدار کو تمام سرکاری افسران اور سیاسی لیڈروں سے Co-operation مل رہا تھا۔ اس نے محکمہ جنگلات سے بھی ایک دن کے اندر No objection certificate حاصل کر لیا اور خوشی خوشی گاؤں میں اس بات کی منادی کرا دی کہ کل سے برگد کی کٹائی کا کام شروع ہوگا۔ اور پھر اسکول کی نئی بلڈنگ کا سنگِ بنیاد رکھا جائے گا۔
>
> دوسرے دن کہرے بھری صبح میں گاؤں کے لوگ جگے تو ایک عجیب دل سوز منظر ان کے سامنے تھا۔ بوڑھے برگد کی ڈال سے بوڑھے جٹا شنکر کی لاش لٹک رہی تھی اور اس کی چھتنار پتیوں سے برفانی رات کی شبنم کی بوندیں اس طرح ٹپک رہی تھیں جیسے جٹا شنکر کی موت پر نوحہ خوانی کر رہی ہوں۔''

(افسانہ، بوڑھے برگد کا انت، نیاز اختر، مجموعہ، بوڑھے برگد کا انت)

اردو میں ایسے بے شمار افسانے ہیں، جن میں ماحولیات کے تحفظ کی بات ہے۔ بچوں کے لیے ایسی کہانیاں، ناول اور ناولٹ ہیں جن سے بچوں کے اندر ماحولیات کی سمجھ اور اس کی حفاظت کا جذبہ پیدا ہو۔ بہت سے ڈرامے ہمیں پیڑ پودوں، جانوروں، ہوا اور پانی کے تحفظ کا سبق دیتے ہیں۔ ■

اردو میں تحریکِ آزادی کا شعری بیانیہ
(انیسویں صدی کے حوالے سے)

ڈاکٹر خالد مبشر

'اردو اور تحریکِ آزادی' پر موجود تحقیقی و تنقیدی سرمایہ دیکھیے تو یہ تسلیم کیے بغیر کوئی چارہ نہیں رہ جاتا کہ اردو تحریکِ آزادیِ ہند کی مادری زبان کا درجہ رکھتی ہے۔ انیسویں صدی کے نصف آخر سے بیسویں صدی کے نصف اول تک تقریباً ایک صدی میں اردو کے سینکڑوں شعرا ہیں، ان میں ایک بھی شاعر ایسا نہیں ملتا جس کے یہاں فرنگی استبداد کے خلاف احتجاج اور مزاحمت کا عنصر موجود نہ ہو۔ اس سلسلے میں صرف ایک ہی کتاب 'ہندوستان کی تحریکِ آزادی اور اردو شاعری' مصنفہ گوپی چند نارنگ کا مطالعہ کافی ہوگا کہ حریتِ ہند کے حوالے سے اردو شاعری کس قدر حساس رہی ہے۔ اردو کا کوئی بھی دبستان، اردو کی کوئی بھی صنف اور اردو کا کوئی بھی شاعر ایسا نہیں ہے جو پرچم حریت سے محروم ہو۔ کیا دلی اور کیا لکھنؤ، کیا علی گڑھ تحریک اور کیا رومانوی رجحان، پھر اس کے بعد تو ترقی پسند تحریک گویا تحریکِ حریت ہی کا دوسرا نام تھا۔ شعری اصناف میں کس کس کا ذکر کیجیے۔ غزل اور نظم نے تو آزادی کی مشعلیں روشن کیں ہی، لیکن قصیدہ، مثنوی اور رباعیات نے بھی روحِ حریت پھونکنے میں غیر معمولی کردار ادا کیا ہے۔

آزادی کی درخشاں تاریخ رقم کرنے میں اردو زبان و ادب بالعموم اور اردو شاعری نے بالخصوص جو کارنامہ انجام دیا ہے، اس کو سمجھنے کے لیے تفضّل حسین کوکب کی مرتب کردہ 'فغانِ دہلی'، سبطِ حسن کی مولفہ 'آزادی کی نظمیں' اور خلیق انجم و شمس الرحمٰن فاروقی کی مدونہ 'نغماتِ حریت' کا مطالعہ ناگزیر ہے۔ ان کتابوں سے اندازہ ہوتا ہے کہ ۱۸۵۷ سے لے کر ۱۹۴۷ تک جدوجہد آزادی کا کوئی مرحلہ یا سانحہ یا واقعہ ایسا نہیں ہے، جس کو اردو شعرا نے اپنی تخلیقی سرشت میں جذب نہ کیا ہو۔

بلاشبہ ۱۸۵۷ تا ۱۹۴۷ نوے (۹۰) سال کا یہ دورانیہ ہندستان کی تاریخ کا حد درجہ ہنگامی، انقلابی، جذباتی اور حرکی رہا ہے اور ایسا محسوس ہوتا ہے کہ تاریخ کے اس دور کو اپنی پوری شدت کے ساتھ اردو شاعری نے اپنے قالب میں ڈھال لیا ہے۔ چناں چہ اس عہد کا شعری ڈکشن، مضمون و معنی، اسالیب و ہیئت اور علامت و استعارات 'آزادی' کے محور پہ گردش کرتے نظر آتے ہیں۔

صنف غزل ہی کو لے لیجیے جو اپنی نزاکت و لطافت، رمزیت و اشاریت اور علامتی رنگ کے حوالے سے اپنا ثانی و نظیر نہیں رکھتی۔ ایسی صنف میں 'پیغام بری' اور 'سیاسی نظریہ و عمل' کی پیش کش جوئے شیر لانے سے کم نہیں۔ لیکن غزل کی روایت شاہد ہے کہ اس غزلیہ رنگ میں بھی اردو کے شعرا نے خوب خوب انقلاب زندہ باد اور بغاوت و احتجاج کے ترانے گائے ہیں۔ اس عہد کی غزلیہ علامتوں، استعاروں اور تلمیحوں پر نظر ڈالیے تو برطانوی استعماری نظام کے خلاف 'آزاد ہندوستان' کا مکمل نقشہ کار روشن ہو جاتا ہے۔ یہاں عاشق ہر ہندستانی ہے۔ معشوق وطن عزیز ہندوستان ہے۔ رقیب یا صیاد یا گل چیں یا عدو یا قاتل فرنگیوں نے ہندوستان کو زندان بنا رکھا ہے۔ یہاں صید، زنجیر، بلبل، چمن، نالہ بلبل سب کچھ مل کر ایک ایسی استعاراتی فضا بناتے ہیں جہاں 'آزادیِ ہند' کے تصور کی روشنی چھپائے نہیں چھپتی۔ اگرچہ کبھی کبھی یہ لے بہت برہنہ اور عریاں بھی ہو جاتی ہے اور استعاروں کا پردہ چاک بھی کر دیتی ہے مثلاً مصحفی جیسے کلاسیکی شاعر کی سپاٹ گوئی ملاحظہ ہو:

ہندوستاں کی دولت و حشمت جو کچھ کہ تھی
کافر فرنگیوں نے بہ تدبیر کھینچ لی

لیکن انھیں کے ہمعصر آتش کا یہ شعر ملاحظہ ہو:

پر کترنے سے اے صیاد چھری بہتر ہے
قصہ کوتاہ کرے حسرتِ پرواز اپنا

مذکورہ شعر کے بطن میں ایسٹ انڈیا کمپنی کی سلطنتِ اودھ پر جبر و قہر کی داستان سنائی دیتی ہے۔

البتہ یہاں بغیر کسی معذرت کے اس تاریخی حقیقت کا اعتراف بھی ضرور کیا جانا چاہیے کہ بعض اردو شعرا وقت کے جبر کو انگیز نہ کر سکے اور انھوں نے استعماری استبداد کے سامنے سپر ڈال دی۔ مثلاً انشاء اللہ خاں انشا جیسے شاعر نے جارج سوم کی سال گرہ پر قصیدہ لکھا:

پتے ہل ہل کے بجائیں گے فرنگی طنبور
لالہ لاوے گا سلامی کو بنا کر پلٹن

اسی طرح غالب نے ترکی زبان میں اپنا روزنامچہ 'دستنبو' لکھا، جس میں انقلاب ۱۸۵۷ کو 'رستخیز بے جا' قرار دیا۔ انھوں نے ملکہ وکٹوریہ کی شان میں قصیدہ بھی رقم کیا۔ اس کے پیچھے غالب کے اپنے ذاتی مسائل تھے۔ تمام مستند دلائل و براہین کے ساتھ معروف محقق اور صحافی شمیم طارق نے اپنی کتاب 'غالب اور تحریک آزادی' میں اس بحث کا بھرپور احاطہ کیا ہے۔ اس حقیقت سے انکار ممکن نہیں لیکن چند شاذ و نادر مثالوں سے قطع نظر اردو شاعری کی روح میں جذبہ حریت رچا بسا ہوا ہے۔ چناں چہ شاہ نصیر جیسا قدیم رنگ سخن کا حامل شاعر فرنگیوں کے خلاف جہاد کے مبلغ مولوی اسماعیل شہید کا قصیدہ لکھتا ہے۔ انھی کی غزل کا یہ شعر بھی دیکھیے:

صیاد قفس کو نہ اٹھا صحنِ چمن سے
باقی ہے ابھی مرغِ گرفتار کی حسرت

برطانوی استعمار سے آویزش کی نمایاں تاریخ ٹیپو سلطان سے شروع ہوتی ہے۔ چناں چہ اردو شعرا نے انھیں خوب خوب خراج عقیدت پیش کیا ہے۔ ٹیپو سلطان سے قبل ۱۷۵۷ میں نواب سراج الدولہ کو پلاسی کے میدان میں شہید کر دیا گیا۔ یہ باقاعدہ جنگ تھی۔ چناں چہ رام نرائن موزوں کا یہ شعر یہاں اردو شاعری کی تاریخ میں بہت مشہور ہوا:

غزالاں تم تو واقف ہو، کہو مجنوں کے مرنے کی
دوانہ مر گیا آخر کو ویرانے پہ کیا گزری

جرأت کی مثنوی 'تاریخ قید' سلطنت اودھ کے نواب کے وزیر وزیر علی کی قید فرنگ کا نوحہ ہے۔ جرأت نے ہی بکسر کی لڑائی کے بعد نواب کے فرنگی اقتدار کی کٹھ پتلی بن جانے پر یہ رباعی بھی کہی:

کہیے نہ انھیں امیر اب اور نہ وزیر
انگریزوں کے ہاتھ ہیں قفس میں اسیر
جو کچھ وہ پڑھائیں سو یہ منہ سے بولیں
بنگالے کے مینا ہیں یہ پورب کے امیر

۱۸۵۷ء کی قیامتِ صغریٰ ہو یا انتزاعِ سلطنتِ اودھ، ان دونوں حوالوں سے ہماری شعری تاریخ بھری پڑی ہے۔ مثلاً اسی عہد کا شاعر میر نظام الدین ممنون کہتا ہے:

آمد سے تیری ہم پہ جو ہونی تھی سو ہوئی
اب دغدغۂ حشر نہ پروائے قیامت

لکھنؤ کے اجڑنے کا نوحہ مرثیہ کربلا کا عظیم شاعر انیس بھی کہے بغیر نہ رہ سکا۔ انیس کی ایک رباعی بعنوان 'انقلابِ ہند' ملاحظہ ہو:

افسوس اس زمانے کا عجب طور ہوا
کیوں چرخِ کہن آہ نیا دور ہوا
اب یاں سے کہیں اور چلو جلد انیس
اب یاں کی زمیں اور فلک اور ہوا

سلطنت اودھ کے آخری تاجدار نواب واجد علی شاہ کی مثنوی 'حزن اختر' پڑھیے تو کلیجہ منہ کو آتا ہے۔ ان کے علاوہ مرزا کوکب، صولت، امیر مینائی، منیر شکوہ آبادی اور شاہ کمال نے بھی لکھنؤ کا شہر آشوب، مثنویات، رباعیات اور غزلیہ اشعار میں پیش کیا۔

لکھنوی شاعر وزیر مہر علی صبا کا یہ غزلیہ شعر آخر کس کرب کی داستان ہے:

بلبل کہاں، بہار کہاں، باغباں کہاں
وہ دن گزر گئے، وہ زمانہ گزر گیا

مزید زوالِ لکھنو کا بیان سحر لکھنوی کی مثنوی 'فسانہ لکھنو' اور فدا علی عیش کی مثنوی 'فسانہ دلفریب' میں دیکھا جاسکتا ہے۔

ذکر دلی کا آجائے تو اردو شاعری نوحے اور مرثیے کے سیہ پیرہن میں ملبوس ہوجاتی ہے۔ لفظ لفظ ماتم کناں ہوجاتا ہے۔ ایک دو نہیں سینکڑوں دیوان ایسے ہیں جن کے ہر صفحے سے سینہ کوبی کی آہیں اور نالے بلند ہوتے ہوئے سنائی دیتے ہیں۔ حکیم مومن خاں مومن کا نمایاں رنگ تغزل، ان کا عشقیہ اور رومانی مزاج اور ان کی معاملہ بندیاں اپنی جگہ لیکن یہ وہی مومن ہیں جو سید احمد شہید کے ہاتھ پر بیعت کرکے انگریزوں کے خلاف 'قصیدہ جہادیہ' بھی لکھتے ہیں۔ بقول خواجہ احمد فاروقی:

> "وہ غیر ملکی حکومت کے خلاف جہاد کو اصل ایمان اور اپنی جاں کو اس راہ میں صرف کردینے کو سب سے بڑی عبادت سمجھتے تھے۔"

بہادر شاہ ظفر کی غزل گوئی کا اصل رنگ بھی عشقیہ ہے۔ لیکن فرنگی تہذیب نے بوڑھے مجبور بادشاہ کے سامنے صبح دم ناشتے کے دسترخوان میں شہزادوں کے سر پیش کیے اور انھیں رنگون کے قیدخانے میں پابہ زنجیر ڈال دیا۔ بہادر شاہ ظفر کا یہ کرب اور جذبہ حریت اشعار میں کس طرح منتقل ہوا۔ چند شعر دیکھیے:

اسیر کنجِ قفس ہوں میں اے نوا سنجو!
بلا سے میری اگر آیا بہار کا موسم

بہار آئی اسیرانِ قفس آپس میں کہتے ہیں
پھڑک کر توڑنا ہے گر قفس تیار ہوجاؤ

جو آگیا ہے اس محل تیرہ رنگ میں
قید حیات سے ہے وہ قید فرنگ میں

مشہور ہے کہ کسی نے طنزاً کہا:

دمدمے میں دم نہیں ہے خیر مانگو جان کی
اے ظفر ٹھنڈی ہوئی شمشیر ہندوستان کی

اس پر بہادر شاہ ظفر نے جواب دیا:

غازیوں میں بو رہے گی جب تلک ایمان کی
تب تو لندن تک چلے گی تیغ ہندوستان کی

مفتی صدرالدین آزردہ نے فتویٰ جہاد پر دستخط بھی کیے اور باغیوں کی حمایت میں اشعار بھی کہے۔ جب صہبائی کے خاندان کے ۲۱ افراد قتل کردیے گئے تو آزردہ نے کہا:

کیوں نہ آزردہ نکل جائے نہ سودائی ہو
قتل اس طرح سے بے جرم جو صہبائی ہو

محمد حسین آزاد کی ایک نظم دہلی اردو اخبار میں ۲۴ مئی ۱۸۵۷ کے شمارے میں ملتی ہے، جس کا عنوان ہے 'تاریخ عبرت افزا'۔ اس نظم سے ثابت ہوتا ہے کہ وہ باغیوں کی بغاوت سے خوش تھے:

ہے کل کا ابھی ذکر کہ جو قومِ نصاریٰ
تھی صاحبِ اقبال و جہاں بخش و جہاں دار

کام آئے نہ علم و ہنر و حکمت و فطرت
پورب کے تلنگوں نے لیا سب کو یہیں مار

قصہ مختصر یہ کہ تحریک آزادی ہند اور اردو شاعری لازم و ملزوم ہیں۔ کسی ایک کا ذکر دوسرے کے بغیر اسی طرح ادھورا ہوگا جیسے سکے کے ایک رخ کا تصور دوسرے رخ کے بغیر ممکن نہیں۔ ۱۸۵۷ سے لے کر ۱۹۴۷ تک 'آزادی' اردو شاعری کا مرکز و محور رہی۔ اس عہد کے اردو شعر و ادب کا نو استعماری مطالعہ اس امر پر منتج ہوگا کہ اردو کا غالب شعری بیانیہ استعمار مخالف ہے اور اس کی رگ و پے میں مزاحمت و احتجاج پورے زور و شور سے جاری و ساری ہے۔ ■

متین طارق کے تنقیدی افکار

ابراہیم افسر

متین طارق باغ پتی کی شناخت بہ حیثیت شاعر مسلّم ہے بالخصوص بچوں کی شاعری میں وہ ید طولیٰ رکھتے ہیں۔ انھوں نے اپنی شاعری میں پاکیزہ خیالات اور صالح اقدار کا پاس رکھا ہے۔ شاعری کے علاوہ متین طارق نے تنقید کے میدان میں بھی کمال و جوہر دکھائے ہیں۔ انھوں نے اپنے ہم عصر شعرا کے کلام پر 'اُردو شاعری کے روشن چراغ' میں جو سیر حاصل اور صحت مند باتیں تحریر کیں وہ ہمارے لیے درس و عبرت سے کم نہیں۔ انھوں نے اپنے تنقیدی جائزوں و زاویوں میں بے جا نکتہ چینی اور تنقیص سے پرہیز کیا۔ ان کے شعری نقد و نظر پر تحریکِ اسلامی کے نظریات و افکار کا اثر نمایاں ہے۔ کیوں کہ وہ تا حیات جماعت اسلامی (ہند) سے منسلک رہے۔ انھوں نے اپنی تحریروں میں تعمیری ادب، اسلامیات اور اخلاقی قدروں کو مقدم رکھا۔ حالاں کہ ان کی دوستی ترقی پسند تحریک سے وابستہ ادبا، شعرا، کمیونسٹ پارٹی کے رہ نماؤں اور دیگر سیاسی لیڈروں سے بھی تھی۔ اس کے باوجود متین طارق اپنے اہدافِ علمی اور نصب العین سے کبھی نہیں بھٹکے۔

متین طارق نے اپنی پیدائش اور حالاتِ زندگی کو شعری مجموعے 'رنگ و نور' (اشاعت ۱۹۹۸) میں قلم بند کیا ہے۔ متین طارق کے مطابق ان کے آباو اجداد قصبہ کاندھلہ ضلع مظفر نگر (یو۔پی) سے باغپت، نواب جمشید علی خاں اور ان کے اہلِ خانہ کی تعلیم و تربیت کے لیے آئے تھے۔ یہیں پر ۲۱ ستمبر ۱۹۲۱ میں متین طارق پیدا ہوئے۔ ان کے والد محمد یٰسین مجنوںؔ اعلا شعری ذوق رکھتے تھے۔ ان کا درج ذیل شعر:

کلفتِ نزع سے چھُٹ جائیں جناب مجنوںؔ
آ کے بالیں پہ جو یٰسین سنائے کوئی

زبان زد خاص و عام کے زمرے میں شامل ہے۔ ان کی والدہ محترمہ دن بھر قرآن اور دیگر مذہبی کتابوں کے مطالعے میں مشغول رہتیں۔ والدہ کے زیر سایہ ہی متین طارق نے رسائل و جرائد اور اخلاقی کتب کا مطالعہ کیا۔ انھوں نے بچپن میں ہی علامہ اقبال، مولانا ابو الکلام آزاد اور خواجہ حسن نظامی کے کلام اور مضامین کا مطالعہ کر لیا تھا۔ انھی مضامین اور کلام سے انھیں لکھنے اور شعر گوئی کی تحریک ملی۔ متین طارق کے مطابق ان کی سب سے پہلی کتاب ۱۹۴۶ میں دہلی سے شائع ہوئی جس میں ہندستان کے مجاہدوں کا تذکرہ شامل ہے۔ اس کے بعد انھوں نے مختلف موضوعات پر قلم اٹھایا۔ ان کی اب تک چار درجن سے زائد کتابیں منظر عام پر آچکی ہیں جن میں رنگ و نور، فانوسِ حرم، خواتین اور اسلام، اندھیرے سے اُجالے کی طرف، انفاق، اچھی باتیں اچھے کام، انشا اور معلومات (حصہ اوّل اور دوم) پیاری بیٹی کے نام، اسلام اور رواداری، نیک بیبیاں، بہارِ چمن، رسولِ کریم کی سماجی زندگی، شمع عرفان، راہِ حق کے مصائب، ہماری زبان، ہماری ذمہ داریاں وغیرہ اہمیت کی حامل کتابیں ہیں۔ ۱۹۷۵ میں ایمرجنسی کے دوران میں متین طارق کو گرفتار کر میرٹھ جیل میں رکھا گیا۔ میرٹھ جیل سے انھوں نے اپنے اہلِ خانہ اور دوستوں کے نام خطوط تحریر کیے۔ ان خطوط کو ان کے فرزند ڈاکٹر زکی طارق نے 'خطوطِ زنداں' عنوان سے ۲۰۱۱ میں شائع کیا۔ موصوف تاحیات درس و تدریس کے پیشے سے وابستہ رہے۔ انھوں نے اپنے گھر پر 'تعلیمی مرکز' قائم کیا تھا جہاں بچوں اور بڑوں کی تعلیم کا معقول انتظام تھا۔ ملک کی مختلف اکادمیوں نے انھیں انعامات و اعزازات سے بھی نوازا اور کئی ریاستوں نے ان کی لکھی کتابوں کو اپنے تعلیمی نصاب میں بھی شامل کیا۔ متین طارق اس دارِ فانی سے ۱۳ دسمبر ۲۰۱۳ کو رخصت ہوئے۔

متین طارق کی تنقید نگاری کو اہلِ قلم نے قدر کی نگاہ سے دیکھا ہے۔ اس کی ایک وجہ ان کے تنقیدی نظریے میں اعتدال، غیر جانب داری، ایمان داری، بے باکی اور حق گوئی کی شمولیت ہے۔ انھوں نے شعرا کے کلام کو اقدار و افکار کی کسوٹی پر پرکھا۔ ان کی نظر میں شاعر کا کلام یا ادیب کی تحریر مقدم ہوتی ہے۔ متین طارق نے پیشِ نظر متن کو اپنی

تنقید کی اساس بنایا۔ انھوں نے اپنی تنقید کو تعلق اور روابط سے محفوظ رکھا۔ اسی لیے ان کی تنقید نے ادبی حلقوں میں بہت جلد مقبولیت حاصل کی۔ ڈاکٹر خلیق انجم نے متین طارق کی تنقید نگاری پر اظہارِ خیال کرتے ہوئے لکھا:

"عام طور سے قاعدہ یہ ہے کہ اگر نقاد خود شاعر بھی ہے تو وہ اپنے ہم عصر شاعروں کے ساتھ انصاف نہیں کر پاتا۔ کیوں کہ دوسروں سے اپنے کلام کا موازنہ کرتا ہے اور چوں کہ خود کو ان سب سے بہتر سمجھتا ہے اس لیے ان کے کلام کو کم تر درجے کا ثابت کرتا ہے۔ لیکن متین طارق صاحب کی بات بالکل مختلف دیکھنے میں آئی۔ وہ ایک صاف ذہن کے غیر جانب دار نقاد ہیں۔ انھوں نے اسی ذہن کے ساتھ اپنے ہم عصروں میں پروفیسر جگن ناتھ آزاد، مجروح سلطان پوری، ساغر نظامی، ساحر لدھیانوی، حفیظ میرٹھی، دیواکر راہی، اور عشرت کرت پوری کے کلام پر تنقیدی مضمون لکھے ہیں اور یہ مضامین ایک طرف تو ان تمام شعرا کے کلام کا منصفانہ جائزہ ہیں اور دوسری طرف تنقید کا بہت اچھا نمونہ بھی ہیں۔" (۱)

متین طارق نے اپنی واحد تنقیدی کتاب 'اُردو شاعری کے روشن چراغ' میں ۱۷ شاعروں کے کلام پر گفتگو کی ہے۔ ان شاعروں میں علامہ اقبال، احسان دانش، ماہر القادری، طالب باغ پتی، مہدی نظمی، علیم اختر مظفر نگری، ساغر نظامی، ساحر لدھیانوی، مجروح سلطان پوری،، جگن ناتھ آزاد، عثمان عارف، عشرت کرت پوری، دواکر راہی، عمر انصاری، حفیظ میرٹھی اور ملک زادہ منظور احمد کے اسما قابلِ ذکر ہیں۔

متین طارق نے 'اقبال کا مردِ مومن' مضمون میں ان کی شاعری اور ان کے سیاسی نظریات پر بحث کی۔ انھوں نے شاعری کو پرکھنے کے لیے افلاطون کی مشہور کتاب 'جمہوریہ' میں درج قول "فن کو اخلاق اور اجتماعی مقاصد کا پابند ہونا چاہیے۔" کو ترجیح دی۔ انھوں نے اس بات کی تائید بھی کی کہ شاعروں کو اپنے کلام میں مقاصد اور پیغامات کو اوّلیت دینی چاہیے۔ ان کے نزدیک جس شاعری میں مقصد، پیغام اور نظریہ نہیں وہ شاعری، شاعری نہیں بلکہ دل بہلانے کا ذریعہ ہے۔ انھوں نے اس مضمون میں انگریزوں کے لائے طوفانِ بدتمیزی کے سامنے حالی، اکبر اور شبلی کے کھڑے ہونے کی تعریف کی۔ متین طارق نے اقبال کی شاعری میں موجود اخلاقی اور اجتماعی مقاصد کو قارئین کے سامنے پیش کیا۔ انھوں نے اقبال کی زندگی کا مطالعہ کرنے کے بعد لکھا کہ انھیں زندگی کے معاملات کے سلسلے میں ایک حکیمانہ بصیرت حاصل تھی اور اسلامی نظریات، تعلیمات پر ان کی گہری نظر تھی۔ اسی لیے ان کا مردِ مومن ایک آئیڈیل مردِ مومن کی صورت میں ہمارے سامنے نمودار ہوتا ہے۔ اقبال نے اپنے مردِ مومن کی ذات وصفات کے بارے میں بہت کچھ کہا ہے۔ یہاں چند مثالیں ملاحظہ کیجیے:

آئینِ جواں مرداں حق گوئی و بے باکی
اللہ کے شیروں کو آتی نہیں روباہی

کوئی اندازہ کر سکتا ہے اس کے زورِ بازو کا
نگاہِ مردِ مومن سے بدل جاتی ہیں تقدیریں

پلٹنا جھپٹنا جھپٹ کر پلٹنا
لہو گرم رکھنے کا ہے اک بہانا

متین طارق نے اقبال کی شاعری میں موجود اسلامی افکار و نظریات پر بھی سیر حاصل گفتگو کی ہے۔ انھوں نے مسلم نوجوانوں کے بدلتے اہداف اور مغربی افکار و نظریات سے متاثر ہونے پر افسوس کا اظہار کیا ہے۔ اس لیے متین طارق نے اقبال کے مردِ مومن کی دورِ حاضر میں ضرورت، افادیت و اہمیت پر توجہ مرکوز کی۔ اس کے لیے انھوں نے کلامِ اقبال سے مثالیں بھی پیش کیں۔ اس مضمون میں انھوں نے اقبال کے کلام میں موجود اخلاقی قدروں، اسلامی شعائر اور جوش و حرکتِ عمل کو بہ طور مثال بھی پیش کیا۔ انھوں نے اقبال کے مردِ مومن پر تبصرہ کرتے ہوئے لکھا:

"مردِ مومن بھی وہ جس کے لیے قرآن کریم آئینِ حیات کی نشان دہی کرتا ہے اور اخلاقِ محمدی کو اُسوۂ زندگی کی تعمیر کا کام انجام دیتا ہے۔ آئینِ الٰہی پر عمل کرنے سے اس کی سیرت میں پختگی آتی ہے اور اخلاقِ محمدی کی پیروی سے زندگی میں وسعتوں کے امکانات پیدا ہوتے ہیں۔ ان دونوں اوصاف سے مزین ہو کر جب وہ کارزارِ حیات

میں اُترتا ہے تو اسے عرفان نفس کے ساتھ ساتھ تسخیر
کائنات کے گُر یاد ہو جاتے ہیں جس کے سامنے زماں و
مکاں کی پہنائیاں گرد ہو جاتی ہیں جو بڑھ کر ثریا پر کمند
ڈال دیتا ہے۔ جبرئیل جس کا امیر اور نیابت الٰہی جس کی
منزل قرار پاتی ہے۔ وہی تخلیق کائنات کا مقصود حقیقی اور
انسان کامل ہے۔" (۲)

احسان دانش کے شعری مجموعے 'فصل سلاسل' میں شامل نظم 'اے دوست ابھی آرام نہ کر آرام کا یہ ہنگام نہیں' کا تجزیہ متین طارق نے حقیقت پسندانہ انداز میں کیا ہے۔ در اصل متین صاحب احسان دانش کی ذاتی زندگی سے بہ خوبی واقف تھے۔ کام کے اعتبار سے احسان دانش کا تعلق مزدوروں کے نچلے طبقے سے تھا لیکن بہ طور شاعر ان کا درجہ بہت بلند تھا۔ علامہ اقبال اور جوش ملیح آبادی نے بھی احسان دانش کی شعری مہارتوں کو قدر کی نگاہ سے دیکھا۔ احسان دانش خود مزدور تھے اور مزدوروں کے مسائل سے بہ خوبی واقف تھے۔ مزدوری ان کی کمزوری نہیں بلکہ طاقت تھی۔ اسی مزدوری سے جو وقت بچتا احسان دانش اسے پڑھنے لکھنے میں صرف کرتے۔ اسی لیے انھوں نے مزدوروں اور مزدوری کے تعلق سے جو کچھ بھی لکھا وہ شاہ کار ادب کے زمرے میں شامل ہو گیا۔ مزدوری اور سرمایہ داری کے نمایاں فرق کو احسان دانش نے اپنی نظموں میں بہ درجہ اتم پیش کیا۔ احسان دانش کی شخصیت اور ان کے شعری کمالات کے بارے میں متین طارق رقم طراز ہیں:

"وہ برسوں قوتِ لایموت کے لیے مزدوری کے کام کر چکے تھے۔ ان کی زندگی نے زمانے کے ہر طرح کے سرد و گرم کو قریب سے دیکھا تھا۔ ان کے دل میں مزدور طبقے کا سچا درد تھا۔ مزدوروں پر ہمیشہ ظلم ہوتا رہا، سرمایہ دار اور ذی وجاہت لوگوں نے ان کے جذبات کو ہمیشہ کچلا ہے۔ حتیٰ کہ مزدوری بھی ان کو خیرات سمجھ کر دی ہے۔ احسان دانش کو اس کا احساس تھا۔ قدرت نے ان کو شاعری کا ملکہ بھی عطا کیا تھا۔ اسی روحانی کرب نے احسان کو ایسے شعر کہنے پر مجبور کیا جو اس طبقے کے جذبات کے آئینہ دار ہیں۔" (۳)

متین طارق نے احسان دانش کی نظم 'اے دوست ابھی آرام نہ کر آرام کا یہ ہنگام نہیں' کے بارے میں لکھا کہ یہ نظم 'گورنر ہاؤس' میں پڑھی گئی تھی۔ شرفا اور معزز شخصیات کے سامنے اس نظم کو پڑھنا کسی باہمت شاعر کے بس میں ہی تھا۔ احسان دانش نے حکومتِ وقت کی آنکھوں میں آنکھیں ڈال کر اپنے خیالات کو لوگوں کے سامنے پیش کیا۔ بہ قول متین طارق، احسان دانش نے اس نظم میں سماج کی موجودہ پست حالی، گھٹن، دبے کچلے اور پس ماندہ عوام کے مسائل اور خونی کاروبار کی طرف علامتی اشارات کیے ہیں جس کے ایک ایک لفظ میں درد و کرب چھپا ہوا ہے۔ نظم کا ایک بند ملاحظہ کیجیے:

غم ناک اندھیرا چھایا ہے بستی کی تجلی گاہوں میں
ناپید خودی معدوم خدا لُٹتے ہیں مسافر راہوں میں
بازار میں ڈاکو بیٹھے ہیں لُٹتی ہے رعایا شاہوں میں
دنیا کی نگاہِ بد بیں میں آغاز تو ہے انجام نہیں
اے دوست ابھی آرام نہ کر آرام کا یہ ہنگام نہیں

اس نظم میں احسان دانش نے اپنے مخاطبین کے سامنے اُن حقائق کو پیش کیا جنھیں وہ نظر انداز کرتے چلے آ رہے تھے۔ اس نظم کا مقصد ایک باوقار، صالح اقدار سے سرشار معاشرے کی تعمیر اور اس کی بنیادوں کو مستحکم کرنا تھا۔

متین طارق نے ماہر القادری کی شاعری کو ان کے شعری مجموعے 'فردوس' کے آئینے میں پرکھنے کی کامیاب کوشش کی۔ ماہر القادری بھی متین طارق کی طرح اسلامی نظریات، دعوتِ فکر اور تعمیری ادب کے پیرو کار تھے۔ اس مضمون میں متین صاحب نے ماہر القادری کی شاعری کو نظریاتی طور پر حالی اور اقبال کی شاعری سے مشابہ قرار دیا۔ کیوں کہ انھوں نے بھی حالی کی طرح لوگوں کے اذہان میں عظمت رفتہ کی قدر کو متعین کیا اور اقبال کی طرح سوئی ہوئی قوم کو بیدار کرنے کی کوشش کی۔ ماہر القادری کو مشرقی قدروں کو مقدم رکھنے کا ماحول گھر سے ملا تھا۔ بچپن سے ہی ماہر القادری نے ایسے لوگوں کی صحبت اختیار کی جن کے نظریات، افکار و تصورات میں پاکیزگی، دیانت داری اور ایمان داری تھی۔ اس لیے جب یہ شعر گوئی کی جانب مائل ہوئے تو انھوں نے حسن و عشق کے بجائے انسانی قدروں کو فروغ دینے کے لیے قرآن کریم کو اپنی شاعری کا منبع، سرچشمہ اور اساس

بنایا۔ اس لیے انھوں نے 'قرآن کی فریاد' جیسی شاہ کار نظم تخلیق کی۔ ہم اس نظم کو مسلم قوم کا مرثیہ بھی کہہ سکتے ہیں۔ اس نظم میں قرآن کی فریاد کو جس دل دوز انداز میں پیش کیا گیا ہے، اسے پڑھ کر قارئین و سامعین کی آنکھیں اشک بار ہو جاتی ہیں۔ نظم کا ایک بند ملاحظہ کیجیے:

طاقوں میں سجایا جاتا ہوں آنکھوں سے لگایا جاتا ہوں
تعویذ بنایا جاتا ہوں دھو دھو کے پلایا جاتا ہوں
دل سوز سے خالی رہتے ہیں آنکھیں ہیں کہ نم ہوتی ہی نہیں
کہنے کو میں اک اک جلسے میں پڑھ پڑھ کے سنایا جاتا ہوں
نیکی پہ بدی کا غلبہ ہے، سچائی سے بڑھ کر دھوکا ہے
اک بار ہنسایا جاتا ہوں سو بار رُلایا جاتا ہوں
کس بزم میں میرا ذکر نہیں کس عرس میں میری دھوم نہیں
پھر بھی میں اکیلا رہتا ہوں مجھ سا بھی کوئی مظلوم نہیں

مذکورہ بالا نظریات کو انھوں نے اپنی دیگر نظموں بالخصوص 'لا الہ الااللہ' اور 'صبح سعادت' میں بھی پیش کیا۔ علاوہ ازیں ماہر القادری نے اپنی مشہور نظم 'گرلز کالج کی لاری دیکھ کر' میں تعلیم نسواں، پردہ، مغربی نظریات کی پیروکاری پر اظہار خیال کیا ہے۔ ماہر القادری علما سے مخاطب ہو کر کہتے ہیں:

جو غلط کاری پہ آمادہ ہو اس کو ٹوک دو
روک دو طاغوت کے طوفان کو بڑھ کر روک دو

متین طارق نے ماہر القادری کی غزلیہ شاعری پر بھی تنقید کی لیکن اس کے مقابلے انھوں نے ان کی نظموں کو زیادہ پُر اثر اور پُر درد پایا۔ اس لیے وہ لکھتے ہیں:

> ''حق و باطل کی ستیزہ کاری میں وہ اقبال کی طرح ملت کو علم وعمل، اعتماد و یقین اور بے خوفی، بے باکی کا پیغام دینا چاہتے ہیں۔ اسی لیے انھوں نے اخلاقی، اصلاحی اور زندگی بخش تصورات کو اپنی شاعری کا محور و مرکز بنایا ہے۔ ان کے ہر شعر سے انفرادیت اور تعمیری عزم کی عکاسی ہوتی ہے۔'' (۴)

متین طارق نے 'طالب باغ پتی اور ان کی شاعری' کے حوالے سے لکھا کہ طالب باغ پتی پہلے علامہ کوثی کے نام سے رسالہ 'عالم گیر' اور 'نگار' میں لکھتے تھے۔ طالب باغ پتی اپنے دور کے نمایندہ شاعر اور متین طارق کے ہم عصر و ہم وطن تھے۔ بہ قول متین طارق ان کے کلام نے درد، سوز، رندی و مستی اور حقیقت و مجاز کے رازہائے سر بستہ کا انکشاف کیا تھا۔ لیکن ان کی شاعری پارٹی بازی اور خیمے بندی کا شکار ہو گئی۔ اس کے باوجود ان کی شاعری کی گھن گرج ایک زمانہ گزرنے کے بعد بھی برقرار ہے۔ طالب باغ پتی کی ''آ'' ردیف پر مشتمل غزل:

یہ عمر یہ برسات یہ بھیگی ہوئی راتیں
ان راتوں کو افسانہ بنانے کے لیے آ
جیسے تجھے آتے ہیں نہ آنے کے بہانے
ایسے ہی کسی روز نہ جانے کے لیے آ

کو بنیاد بنا کر احمد فراز نے کہا:

رنجش ہی سہی دل ہی دکھانے کے لیے آ
آ پھر سے مجھے چھوڑ کے جانے کے لیے آ
کچھ تو مرے پندار محبت کا بھرم رکھ
تو بھی تو کبھی مجھ کو منانے کے لیے آ

مذکورہ بالا دونوں غزلوں میں بہت زیادہ مماثلت ہے۔ مہدی حسن جب احمد فراز کی غزل کو گاتے تو اس میں طالب باغ پتی کی غزل کے چند اشعار بھی شامل کر لیتے تھے۔ اس بات پر احمد فراز مہدی حسن سے ناراض بھی ہوئے۔ طالب باغ پتی نے میر و مومن کی زمینوں میں بھی شعر کہے ہیں۔ اس کی مثالیں متین طارق نے اپنے مضمون میں جگہ جگہ پیش کی ہیں۔ موصوف طالب باغ پتی کی شاعرانہ خوبیوں اور خامیوں کا تجزیہ کرتے ہوئے لکھتے ہیں:

> ''طالب، شاعری کے فنی پہلوؤں سے اچھی طرح آگاہ ہیں اور زبان کی اُن خوبیوں سے بھی اچھی طرح واقف ہیں جن کے اُتار چڑھاؤ سے فن میں جمالیاتی تاثیر پیدا ہوتی ہے۔ ان کی شاعری کا بنیادی وصف دیدۂ بینا سے رنگینی حیات کو دیکھنا اور پھر قلبی واردات کے اثرات کو سلاست و سادگی کے ساتھ کاغذ پر منتقل کرنا ہے۔ ان کے

نگار خانے میں زندگی اپنی تمام تر جلوہ سامانیوں کے ساتھ موجود ہے۔ ان کے یہاں تغزل کا رچاؤ، حسن وعشق کی ہنگامہ خیزی اور حسن ادا کی ساری خوبیاں پائی جاتی ہیں۔ یہ میری اپنی بات نہیں ہے طالب کا کلام پڑھ کر آپ بھی یہ کسک محسوس کریں گے۔'' (۵)

متین طارق نے 'علیم اختر مظفر نگری اور اُردو غزل' میں علیم اختر کی غزلیہ شاعری پر تنقید کی ہے۔ متین طارق کی نظر میں علیم اختر اُردو غزل کی چنگاری کو شعلہ بنانے اور اپنے تخیل سے نئے گل بوٹے تیار کرنے میں یقین رکھتے ہیں۔ چند اشعار ملاحظہ کیجیے:

منزلیں بھی قافلوں کے ساتھ لُٹ جائیں مگر
راہ زن کو ہی امیر کارواں کہتے چلو

جب بھی اُٹھی ہے کبھی حق وصداقت کی صدا
بات بڑھ کر رسن و دار تک آ پہنچی

متین طارق نے علیم اختر مظفر نگری کی نعتیہ شاعری کے مجموعے 'انوارِ حرم' پر بھی اپنے تاثرات کا اظہار کیا ہے۔ اس مجموعے میں علیم اختر نے عقیدت و محبت، ہوش مندی اور احتیاطی پہلوؤں کے ساتھ اپنی بات کہی ہے موصوف نے عام فہم اور سادہ لفظوں میں عقیدت کے موتی لٹائے ہیں۔ متین طارق نے اس مجموعے پر اپنی رائے کا اظہار کرتے ہوئے لکھا:

''لسانی اعتبار سے نعتیں رواں، صاف ستھری اور شگفتہ انداز رکھتی ہیں مولانا کا کمال یہ ہے کہ انھوں نے نعت کی پرانی قبا اُتار کر ایک نئے طرزِ بیان سے کام لیا ہے اور نعتیہ شاعری کو فکر واحساس کا اسلوب عطا کیا ہے جس سے اشعار میں ایک چمک پیدا ہو گئی ہے مولانا کا یہ اسلوب اس حقیقت کا اعلان ہے کہ افراط وتفریط سے بلند ہو کر شعور وفکر کے ساتھ بھی نعت کہی جا سکتی ہے اور ذرا سا ریاض و وجدان سے کام لیا جائے تو نعت کی دنیا میں بے پایاں وسعت معنوی پیدا ہو سکتی ہے۔'' (۶)

متین طارق نے 'ساغر نظامی: ہمہ جہت شعری شخصیت' میں ساغر کی غزلوں اور نظموں پر بحث کی ہے۔ اس مضمون میں انھوں نے لکھا کہ ساغر نظامی کا شمار ایسے بلند قد و قامت لوگوں میں ہوتا ہے جن کی اُٹھان بھی پر وقار تھی اور جو شعری سرمایہ انھوں نے چھوڑا ہے وہ بھی پائے دار ہے۔ ساغر نظامی نے سیماب اکبر آبادی سے شرفِ تلمذ حاصل کیا تھا۔ اس لیے ان کی زبان میں سادگی اور بیان میں صفائی موجود ہے۔ انھوں نے اپنے زمانے کی ہندستانی روایت، کردار اور ہندستانی جبلت کو اپنی شاعری میں پیش کیا۔ ان کی شاعری کے مداحین میں پنڈت جواہر لال نہرو، مولانا ابوالکلام آزاد، سروجنی نائڈو جیسے قومی رہنماؤں کا شمار ہوتا ہے۔ ساغر نظامی نے حب الوطنی سے لبریز نظمیں بھی کہیں۔ ان کی مشہور نظموں میں 'اے صبح وطن'، 'نہرو نامہ'، 'مشعلِ آزادی'، 'پریم جھرنا'، 'پنگھٹ کی رانی' وغیرہ کا شمار ہوتا ہے۔ متین طارق، ساغر نظامی کے فکر وفن اور نظریات پر بات کرتے ہوئے لکھتے ہیں:

''یہ بھی ایک حقیقت ہے کہ ساغر نے اس وقت بڑھتے ہوئے اس فکری یا نظریاتی دباؤ کو قبول نہیں کیا۔ وہ ذہن کی آزادی اور انسانی قدروں کو عزیز رکھتے تھے۔ اس لیے انھوں نے اپنا جہانِ رنگ و بو الگ تعمیر کیا۔ وہ بھی وطن سے محبت رکھتے تھے۔ انھیں بھی اخلاقی قدریں عزیز تھیں۔ وہ بھی طبقاتی کش مکش کو اپنی آنکھوں سے دیکھ رہے تھے۔ ان کے سامنے بھی حیات وسماج کے مسائل منھ پھاڑے کھڑے تھے اور بیش تر مسائل پر انھوں نے قلم اٹھایا بھی مگر اپنی تخلیقات کو سیاسی پروپگنڈے سے الگ رکھا اور حقیقی ادب کی ترجمانی کرنے میں منہمک رہے۔ یہ اس گروہ سے تعلق رکھتے تھے جو عصری تقاضوں کے ساتھ ساتھ روایتوں کا پابند تھا اور جو پرانے آداب وضابطوں کو ملحوظ رکھتے ہوئے تعمیرِ حیات کی تشکیل کا خواہش مند تھا۔'' (۷)

متین طارق بنیادی طور پر تعمیری ادب سے تعلق رکھتے تھے لیکن اس کے باوجود انھوں نے ساحر لدھیانوی جیسے ترقی پسند شاعر اور فلمی نغمہ نگار کی غزلیہ شاعری پر بھی تنقیدی بحث کی۔ حالاں کہ انھوں نے ترقی پسند اور اشتراکیت کے انقلاب سے وابستہ شاعروں کے بارے میں لکھا:

''اگر چہ آج اس شاعری کا بیش تر حصہ اچھے معیار پر

پورا نہیں اُترتا اور اس دور کے بہت سے شعرا کا کلام اپنی قیمت کھو چکا ہے۔ کیوں کہ اوّل تو وہ وقتی اور ہنگامی تھا۔ دوسرے اس میں فکری عناصر کی کمی تھی اور خاص بات یہ تھی کہ اس کی بنیاد روایت اور مذہب کے انحراف پر رکھی گئی۔" (۸)

حالاں کہ متین طارق کا نظریہ اشتراکی نظام کی ضد ہے۔ اس کے باوجود انھوں نے ساحر لدھیانوی جیسے ترقی پسند شاعر کے کلام کو اپنی تنقید کا حصہ بنایا۔ اس بارے میں ان کا خیال ہے کہ ساحر کے یہاں زندگی کے بارے میں حقیقت پسندانہ رویہ کارفرما ہے اور اس نے اپنی شاعری کی بنیاد عام ترقی پسندوں کی طرح نہیں رکھی بلکہ بہت سے جدید شعرا سے ہٹ کر تعمیری لب ولہجہ اختیار کیا ہے۔ متین طارق نے ساحر لدھیانوی کی شاعری میں موجود تعمیری ادب کے سلسلے میں لکھے گئے اشعار کو قارئین کے سامنے پیش کیا۔ انھوں نے ساحر کی مشہور نظم 'اے شریف انسانو!' اور 'جشن غالب' کو ان کی شاہ کار نظمیں قرار دیا۔ 'جشن غالب' کے بارے میں متین صاحب نے لکھا کہ ساحر لدھیانوی نے اُردو زبان کی زبوں حالی کے لیے اہلِ اقتدار کو ذمے دار ٹھہرایا۔ ساحر نے اس نظم میں حکومتِ وقت سے تیکھے اور چبھتے ہوئے سوال اپنی نظم میں کیے۔ اس بارے میں ساحر لدھیانوی کہتے ہیں:

جس عہدِ سیاست نے یہ زندہ زباں کچلی
اس عہدِ سیاست کو مرحوم کا غم کیوں ہے
غالبؔ جسے کہتے ہیں اُردو ہی کا شاعر تھا
اُردو پہ ستم ڈھا کر غالبؔ پہ کرم کیوں ہے

جیسا کہ میں ماقبل عرض کر چکا ہوں کہ متین طارق کے ترقی پسند شاعروں سے دوستانہ مراسم تھے۔ جب متین صاحب ۱۹۷۵ میں ایمرجنسی کے دوران میں میرٹھ جیل میں بند تھے تو انھوں نے علی سردار جعفری کے نام ایک طویل خط لکھا۔ اس خط میں متین صاحب نے اس خبر کی تصدیق جعفری صاحب سے کرانی چاہی کہ کیا انھوں (سردار جعفری) نے حکومتِ ہند کی شان میں کوئی قصیدہ لکھا ہے؟ (۹)۔ جب کہ متین طارق کی نگاہ میں سردار جعفری ایک مردِ مجاہد اور حریت پسند انسان تھے۔ وہ کسی بھی قیمت پر اپنی آزادی کو حکومت کے یہاں گروی نہیں رکھ سکتے تھے۔ متین صاحب نے مجروح کی غزلوں کا جائزہ لیتے ہوئے لکھا کہ شعرو شاعری کی دنیا میں بہت سے اہلِ ذوق ہاتھ پیر مارتے ہیں مگر ایسے خوش قسمت لوگ کم ہی ہوتے ہیں جنھیں قدرت کسی خصوصیت سے نوازتی ہے اور وہ ایسے شعر کہہ جاتے ہیں جو زندہ جاوید ہوتے ہیں۔ اس کے بعد انھوں نے مجروح کے مشہور ترین اشعار:

میں اکیلا ہی چلا تھا جانبِ منزل مگر
لوگ ساتھ آتے گئے اور کارواں بنتا گیا

شبِ انتظار کی کشمکش میں نہ پوچھ کیسے سحر ہوئی
کبھی ایک چراغ جلا دیا کبھی ایک چراغ بجھا دیا

کے علاوہ دیگر اشعار کو قارئین کے سامنے بہ طورِ مثال پیش کیا۔ انھوں نے مجروح کی شاعری میں موجود تغزل، فکر کی گہرائی، قلبی احساسات کی وسعت، پروازِ تخیل، کیف و تاثر، حیات و کائنات کا غلغلہ، روایتی ابتذال وغیرہ پر تبادلہ خیال کیا ہے۔ متین صاحب نے اپنے مضمون میں اس بات پر زور دیا کہ مجروح نے فلموں میں گیت لکھنے کی وجہ سے اپنے اندر کے شاعر کو باہر کی ہوا نہیں لگنے دی فلموں میں نغمے لکھنے کا جتنا معاوضہ انھیں ملنا چاہیے تھا مجروح کو نہیں دیا گیا۔ اپنی فلمی شہرت کے بارے میں خود مجروح کا بیان ہے کہ وہ شہرت اور کامیابی جو ملنی چاہیے تھی مجھے نہیں ملی دوسرے مشہور گیت کاروں کی طرح شہرت کے لیے جن ہتھکنڈوں کا استعمال انھوں نے کیا میں نے نہیں کیا۔ متین طارق مجروح کی غزل گوئی کے بارے میں لکھتے ہیں:

"غزل کی دنیا میں ایسے شعرائے کرام انگلیوں پر گنے جا سکتے ہیں جنھوں نے روایاتِ فن کی پاس داری کے ساتھ ساتھ روحِ غزل کی ہیئت کو برقرار رکھا ہو۔ اس گروہ میں مجروح کا نام ضرور لیا جا سکتا ہے۔ انھوں نے آدابِ غزل کو برتتے ہوئے اپنے جذبہ و احساس، فکر و خیال اور مشاہدات و تجربات کو بڑی خوب صورتی و دل کشی سے اشعار کا جامہ پہنایا ہے۔ ان کے اندازِ بیان میں نہ فرسودگی ہے نہ قنوطیت، نہ کوئی بات فرضی یا بعید از قیاس، نہ غیر حقیقی بلکہ ایک محبت بھرے دل کو جو کچھ نظر آیا اسے انتہائی شائستگی کے ساتھ پیش کر دیا۔" (۱۰)

متین طارق نے جگن ناتھ آزاد کی شاعری پر تنقیدی نظر ڈالتے ہوئے لکھا کہ جگن ناتھ آزاد اُردو کے مہاجر شاعر ہیں۔ اور انھوں نے علامہ اقبال اور مولانا تاجور کو اپنی آنکھوں سے دیکھا ہے۔ دراصل جگن ناتھ آزاد کی پرورش اور پرداخت شعری ماحول میں ہوئی۔ ان کے والد تلوک چند محروم خود شاعر تھے۔ جگن ناتھ آزاد نے تقسیم ہند کے المیے کو ذاتی طور پر برداشت کیا تھا۔ ان کی لائبریری کو بلوائیوں نے نذرِ آتش کر دیا تھا۔ اس پُر آشوب ماحول میں انھوں نے اپنے اندر کے شاعر و ادیب کو زندہ رکھا۔ ہندستان آنے کے بعد انھوں نے درس و تدریس کے پیشے کو اختیار کیا۔ انھوں نے اپنی شاعری سے لوگوں کو اخوت و محبت اور بھائی چارے کا پیغام دیا۔ دوسرے لفظوں میں جگن ناتھ آزاد ہندوستانی سیکولر شاعر، گنگا جمنی تہذیب کے علم بردار اور مشترکہ ثقافت کے روح رواں کی حیثیت سے نمودار ہوئے۔ انھوں نے حب الوطنی کے سے سرشار نظمیں کہیں جن میں ایک حساس انسان کا درد پنہاں ہے:

مکاں کسی کا جل گیا کسی کا گھر اُجڑ گیا
کسی سے کوئی زندگی کا آسرا بچھڑ گیا
لٹی ہوئی بجھی ہوئی جوانیاں لیے ہوئے
رواں ہے ایک قافلہ

جگن ناتھ آزاد نے ہندستانی مسلمانوں کی عظمت رفتہ کو طویل نظم 'بھارت کے مسلمان' میں پیش کیا ہے۔ اس نظم کے حوالے سے متین طارق لکھتے ہیں کہ اگر نظم کے آخر میں جگن ناتھ آزاد نہ لکھا جائے تو کوئی خیال بھی نہیں کرسکتا کہ یہ اشعار یہ نصائح کسی غیر مسلم کے قلم سے نکلے ہیں۔ جگن ناتھ آزاد نے نظم 'سلام' میں حضور اکرم کی ذات اقدس سے اپنی والہانہ عقیدت کا نذرانہ خوب صورت انداز میں پیش کیا ہے۔ جگن ناتھ آزاد کے شاعرانہ مرتبے اور شاعری میں پنہاں پیغام کے بارے میں متین طارق لکھتے ہیں:

"ایک سچے شاعر کی طرح آزاد سلیم الفطرت بھی ہیں اور ان کی دنیا بہت وسیع و بلند ہے۔ انھوں نے زبان و بیان کے جس اسلوب کو اپنایا ہے اس میں زندگی، سماج، اور کائنات کے بیش تر مسائل سمٹ آئے ہیں۔ اخلاقی مضامین ہوں یا معاملات حسن و عشق انھوں نے ایک وسیع المشرب انسان کی طرح نبھایا ہے اور یہی وہ چیز ہے جو شاعر کے کلام کو زندہ جاوید بناتی ہے۔" (۱۱)

متین طارق نے عثمان عارف کی شاعری کا تنقیدی جائزہ اُن کے شعری مجموعے 'نذرِ وطن' کے حوالے سے لیا ہے۔ عثمان عارف نے حب الوطنی کے جذبے سے سرشار نظموں کے انبار لگا دیے ہیں۔ انھوں نے اپنی نظموں میں فکری بیداری، وطن دوستی اور فنی کاوشوں کا بہ خوبی استعمال کیا ہے۔ حالاں کہ حریت، قومیت، وطنیت اور تحریکِ آزادی سے متعلق بہت سی نظمیں لکھی گئی ہیں لیکن عثمان عارف نے اپنا منفرد زاویۂ نگاہ اور مطمح نظر کو سامنے رکھا۔ انھوں نے برسوں کی ریاضت کے بعد شعری نفاست، صالح تخیل اور فنی در و بست کو اپنی شاعری میں پیش کیا۔ ایک دو مثال ملاحظہ کیجیے:

بات کہنے کی یہی ہے مفلس و زردار سے
ملک کی تعمیر ہوگی قوم کے کردار سے
نام پر ہندو و مسلم کے عداوت کیوں ہو؟
ایک انسان کو انسان سے نفرت کیوں ہو

عثمان عارف نے اپنی شاعری میں ہندوستان کی یک جہتی و سالمیت کو مقدم رکھا ہے۔ وہ صالح قدروں کے امین، مہذب معاشرے کی تشکیل کے خواہاں، فنونِ لطیفہ کے شیدائی، محبت و امن کے حامی اور رواداری و اخوت کے پیمبر ہیں۔ انھوں نے اپنے مجموعے میں جنت میرے وطن کی، مہاتما گاندھی، ہمارے منصوبے، اہلِ وطن سے خطاب، احترام بہار، جشن جمہوریت، ایمرجنسی کیوں؟ وغیرہ نظموں کو شامل کیا ہے۔ متین طارق نے عثمان عارف کی شاعری پر اپنا نقطہ نظر واضح کرتے ہوئے لکھا:

"عارف صاحب کی نظموں میں ایک خاص قسم کی شیرینی اور پیام ہے۔ انھوں نے اس سلسلے میں ہندستانی تہذیب کے ان عناصر کو یکجا کرنے کی کوشش کی ہے جو اپنے اندر بہت سے تاریخی، سماجی اور وطن دوستی کے پہلوؤں کو سموئے ہوئے ہیں۔ اس کے علاوہ انسانی روایت کی پاس داری کا رچا ہوا احساس بھی ان کے یہاں قدم قدم پر ملتا ہے۔ جو آج کے دور میں عنقا ہوتا جا رہا ہے۔" (۱۲)

متین طارق اور حفیظ میرٹھی دوست ہونے کے علاوہ دونوں تحریکِ اسلامی سے وابستہ اور تعمیری ادب کے علم بردار تھے۔ دونوں حضرات امرجنسی کے زمانے میں میرٹھ جیل میں بند رہے۔ دونوں ہی تحریکِ اسلامی کی فکر کی تبلیغ کے لیے سر جوڑ کر بیٹھتے تھے۔ متین طارق نے حفیظ میرٹھی کی شاعری کا تنقیدی جائزہ 'نئی اقدار کا تعمیر پسند شاعر حفیظ میرٹھی' مضمون میں لیا ہے۔ انھوں نے حفیظ میرٹھی کی غزلوں کے بارے میں لکھا کہ حفیظ نے اسلام کے حیات بخش پیغام سے متاثر ہو کر غزل کی تزئین اور آرایش کی اور بہ قول شخصے غزل کو مسلمان بنادیا۔ اس میں کوئی شک نہیں کہ حفیظ میرٹھی نے اپنی مخصوص غزلیہ شاعری میں حسن و عشق، گل و بلبل سے پرہیز کرتے ہوئے سماجی و ملی مسائل کو قارئین کے سامنے پیش کیا۔ حفیظ تاعمر تعمیری ادب کے میر کارواں رہے۔ انھوں نے اُردو غزل کے موضوعات کو تنوع عطا کیا۔ متین طارق کے لفظوں میں حفیظ میرٹھی نے رفعتِ خیال، اسلوب بیان اور بیدار ذہنیت سے غزل جیسی روایتی صنفِ سخن کو ذہنی تفریح سے بلند کر کے تعمیری صلاحیتوں سے آراستہ کیا۔ چند اشعار ملاحظہ کیجیے جن میں حفیظ میرٹھی نے اخلاقی قدروں اور حیاتِ نو کو جلا بخشی:

تب خیال آیا کہ میں جھوٹ کے بازار میں ہوں
زندگی بک گئی جب قول قسم کے ہاتھوں

کہہ دیا دنیا سے ہم نے ہم تو حق کے ساتھ ہیں
دیکھنا ہے اب ہمارے ساتھ دنیا کیا کرے

بس یہی دوڑ ہے اس دور کے انسانوں کی
تیری دیوار سے اونچی میری دیوار بنے

کیسے اللہ والے ہیں یہ اے خدا
گفتگو مشورے سازشوں کی طرح

متین طارق نے حفیظ میرٹھی کی ذاتی زندگی کو قریب سے دیکھا تھا۔ اس لیے ان کے سامنے حفیظ میرٹھی کی شاعری کے علاوہ شخصیت کے مختلف پہلو بھی نمایاں تھے۔ دیگر شعرا کے مقابلے میں متین صاحب نے حفیظ کی شاعری پر جو تنقیدی رائے پیش کی وہ زیادہ پُر اثر اور مدلل ہے۔ اس لیے وہ لکھتے ہیں:

"ان کی غزلوں میں حیات و کائنات کے سیکڑوں مسائل آگئے ہیں۔ ان کے اشعار میں نگارِ غزل کا بانک پن بھی ہے اور حرکت و عمل کا پیغام بھی۔ ان کی شاعری ادب برائے ادب نہیں بلکہ ادب برائے زندگی کی نقیب ہے جس میں تعمیری قدریں جھلکتی دکھائی دیتی ہیں۔ انھوں نے غمِ جاناں کے مقابلے میں غمِ دوراں کو اپنا ہدف بنایا ہے۔ بنیادی طور پر وہ انسانیت کی اعلا قدروں پر ایمان رکھتے ہیں جو اسلام کی دین ہیں۔ اسلامی آداب، اسلامی اخلاق، اسلامی کردار انسانیت کا سب سے قیمتی سرمایہ ہے۔" (۱۳)

متین طارق نے ملک زادہ منظور احمد کی شاعری کا جائزہ ان کے شعری مجموعے 'شہرِ ستم کی صلیب' کے حوالے سے لیا۔ انھوں نے ملک زادہ منظور احمد کی شعری ذہانت و فطانت کا اعتراف کرتے ہوئے لکھا کہ منظور صاحب کے دل میں جذبات کا ایک طوفان اُمڈا ہوا ہے اور ان کی شاعری ایک زخمی دل کی آواز ہی نہیں بلکہ عہدِ حاضر کے نوجوان کی للکار بھی ہے مگر فکر و نظر کی سنجیدگی اور توازن کے ساتھ۔ ملک زادہ منظور نے آزادی سے قبل ہی اپنا شعری سفر شروع کر دیا تھا۔ انھوں نے اپنے کلام میں لفظی پیکر تراشی، استعاروں اور تشبیہات کو خاص مقام عطا کیا۔ ان کی غزلوں میں سیاسی، مذہبی، حب الوطنی، قومی مسائل کے علاوہ غمِ جاناں اور سچے جذبوں کی ترجمانی دیکھنے کو ملتی ہے۔ ملک زادہ ایک حساس طبیعت کے مالک تھے۔ ان کا مشاہدہ وسیع اور تجربہ لامحدود تھا۔ انھوں نے اپنی شاعری میں اُن موضوعات کو جگہ دی جن سے وہ نبرد آزما ہوئے۔ وہ کہتے ہیں:

زمانہ چال چلا ہے مرے سجن کی سی
جو ہو سکے تو سجن کے چلن کی بات کرو

اپنے شانوں پہ لیے پھرتے رہے اپنی صلیب
اپنے ہی خون کو ہم رنگِ حنا کہتے رہے

اس شہرِ ستم میں پہلے تو منظورؔ بہت سے قاتل تھے
اب قاتل خود ہی مسیحا ہے یہ ذکر برابر ہوتا ہے

ملک زادہ منظور نے اپنی غزلوں میں منفرد موضوعات کو پیش کیا۔متین طارق نے 'شہرِ ستم کی صلیب پر' کا مختلف زاویوں سے مطالعہ کیا ہے۔ملک زادہ کی شاعری کے بارے میں متین طارق لکھتے ہیں:

> ''یہ اشعار گونگے نہیں ہیں بلکہ ان کا ہر لفظ بولتا اور پیغام عمل کا صور پھونکتا دکھائی دیتا ہے۔اس کی وجہ یہ ہے کہ ایک ایسے دور کی پیداوار ہیں جب کہ غزل نیم وحشی صنف سخن کی منزلوں سے نکل کر تعمیری و اصلاحی قدم اُٹھا چکی ہے۔اسی لیے ان میں جذبے کی شدت اور احساس کی گہرائی کے ساتھ مقصدیت کی تاثیر بھی پیدا ہوگئی ہے۔خود منظور صاحب جہد مسلسل کے قائل ہیں اور دوسروں کے حوصلہ جادہ پیمائی کو بلند رکھنا چاہتے ہیں۔'' (۱۴)

متین طارق نے 'اُردو شاعری کے روشن چراغ' میں اپنے روشن خیالات کی شعاع پاشی کو قارئین کے سامنے پیش کیا۔انھوں نے کسی بھی شاعر کی بے جا تعریف و بے جا تنقید نہیں کی بلکہ شعرا کے کلام پر اپنی بے باک اور معتدل رائے کا اظہار کیا۔متین صاحب کی تنقید صحت مند تنقید کا اعلا نمونہ ہے۔انھوں نے اشاروں اور کنایوں کے بجائے واضح انداز میں شعرا کے کلام پر گفتگو کی۔متین طارق نے اپنی بات کو مدلل بنانے کے لیے دیگر شعرا کے کلام کے اشعار کو اپنے مضامین میں پیش کیا۔یہاں تک کہ مشہور نقادوں کے اقوال بین السطور میں درج کیے ہیں۔بعض مضامین میں تو انھوں نے اپنے کلام کا موازنہ دیگر شعرا کے کلام کے ساتھ کیا ہے۔حالاں کہ انھوں نے بار بار اپنی تنقید میں صالح اقدار اور تعمیری ادب کی باتیں دہرائی ہیں۔ساتھ ہی انھوں نے مولانا حالی، مولانا محمد حسین آزاد، شبلی، اقبال وغیرہ کی شاعری کو اُردو کی بہترین شاعری قرار دیا۔انھوں نے آزادی سے قبل اور آزادی کے بعد کے شعری منظر نامے پر بھی تبادلہ خیال کیا ہے۔

متین طارق نے اپنی کتاب میں اُردو شاعری کے مقاصد اور اہداف کے علاوہ نظریاتی ڈسکورس پر بھی گفتگو کی ہے۔ان کی نظر میں قرآنِ کریم اور اسوۂ حسنہ شاعری کے لیے اصل سرچشمہ ہے۔انھوں نے شاعری کے تعلق سے افلاطون اور ارسطو کے نظریے کی بھی حمایت کی۔ترقی پسند تحریک اور اشتراکی نظام کو متین صاحب تعمیری ادب کی ضد قرار دیتے ہیں۔جب کہ انھوں نے ترقی پسند تحریک سے وابستہ شاعروں کے کلام پر عالمانہ انداز میں تنقید کی ہے۔اگر ہم متین طارق کی تنقید کو کوئی نام دیں تو 'تعمیری تنقید' سے بہتر کوئی نام نہیں ہوسکتا۔انھوں نے تاعمر سنجیدگی اور متانت کے ساتھ تعمیری ادب اور تحریکِ اسلامی کے نظریات کو فروغ دیا اور اس کی تبلیغ کی۔اس لیے ان کی تنقید میں اسلامی فکر و جہد کا دیدار جا بجا ہوتا ہے۔بہر کیف ہم 'اُردو شاعری کے روشن چراغ' کو تعمیری تنقید کا اعلا نمونہ قرار دے سکتے ہیں۔ان کی تنقید کا بیانیہ سادہ ہے جس سے قاری کے ذہن میں ان کی بات سیدھے اُتر جاتی ہے۔متین صاحب نظریاتی طور پر شاعروں کی تقسیم کرنے کے حق میں نہیں ہیں۔بلکہ وہ شعرا کے کلام کو اپنے نظریاتی اصول پر پرکھنے کے قائل ہیں۔میں سمجھتا ہوں کہ ہماری دانش گاہوں میں متین طارق جیسے سادہ لوح نقادوں کو بھی متعارف کرایا جائے تاکہ مختلف تنقیدی دبستانوں میں تعمیری تنقید کا دروازہ وا ہو سکے۔■

حواشی

(۱) اُردو شاعری کے روشن چراغ، متین طارق باغ پتی، تخلیق کار پبلشرز، نئی دہلی، ۲۰۰۱، ص ۱۰

(۲) ایضاً، ص۔ ۱۳، (۳) ایضاً، ص ۲۲، (۴) ایضاً، ص ۳۷، (۵) ایضاً، ص ۳۹

(۶) ایضاً، ص ۷۱، (۷) ایضاً، ص ۷۶-۷۷، (۸) ایضاً، ص ۸۹

(۹) خطوطِ زنداں، مرتب ڈاکٹر ذکی طارق، ایجوکیشنل پبلشنگ ہاؤس، نئی دہلی، ستمبر ۲۰۱۱، ص ۵۰

(۱۰) اُردو شاعری کے روشن چراغ، متین طارق باغ پتی، تخلیق کار پبلشرز، نئی دہلی، ۲۰۰۱، ص ۱۰۱

(۱۱) ایضاً، ص ۱۳۱، (۱۲) ایضاً، ص ۱۲۴

غیر مسلم ادبائے فارسی

ڈاکٹر سید ارشد اسلم

غیر مسلم ادبائے 'فارسی' ہندستان میں اس کثرت سے گزرے ہیں کہ ان کا شمار کرنا بہت مشکل ہے۔ ان میں بہت اچھے لکھنے والے انشا پرداز بھی تھے اور کچھ ایسے بھی تھے جو محض دفتری ضرورت کے مطابق اس زبان میں لکھ پڑھ سکتے تھے۔ یوں تو غیر مسلموں میں دوسرے فرقوں کے مقابلے میں برہمنوں نے زیادہ کمال حاصل کیا۔ خصوصاً آخری زمانے میں کشمیری برہمنوں نے فارسی زبان و ادب میں اچھی شہرت حاصل کی۔ لیکن ان سب کے باوجود مسلمانوں کے عہد حکومت میں سب سے زیادہ کائیستھوں اور لالاؤں کی فارسی مشہور تھی۔

مسلمانوں کے دور حکومت میں زیادہ تر غیر مسلم ہوتے تھے محکمۂ انشا (سیکریٹریٹ) اور مال (فائنانس) کے صیغے تمام تر غیر مسلموں کے ہاتھ میں تھے۔ آخری زمانے میں تو انشا (سیکریٹریٹ) کے اعلی افسر بھی غیر مسلم ہونے لگے تھے جن کو عموماً میر منشی اور از روئے خطاب منشی الممالک (Principal secretary) کہا جاتا تھا۔ ان عہدوں پر جو غیر مسلم سرفراز ہوتے تھے، وہ فارسی زبان کے لائق ادیب ہوتے تھے۔ بادشاہ کی طرف سے ہر قسم کے احکام و فرامین ان ہی کے زبان و قلم سے ادا ہوتے تھے۔ غیر مسلم ادبا کے یہ فرامین، منشات اور رقعات جب زیادہ جمع ہو جاتے تھے اور ان کی مقبولیت عام درجہ مقبول و ہر دل عزیز ہوتے تھے کہ وہ طالب علموں کے نصاب تعلیم میں داخل کر لیے جاتے تھے، چناں چہ منشات برہمن انشائے مادھو رام منشات جواہر مل خطاط، خلاصات نادر، دستور الصبیان وغیرہ اسی قسم کی کتابیں ہیں۔ جدید تحقیقات کے مطابق غیر مسلموں نے فارسی تعلیم لودھیوں کے زمانے سے شروع کی۔ چناں چہ فارسی کا سب سے پہلا غیر مسلم ادیب بھی اسی زمانے میں ہم کو ملتا ہے۔

پنڈت ڈونگر مل: ایک محقق کے مطابق پنڈت ڈونگر مل سکندر لودھی کے زمانے میں تھے۔ ان کی فارسی زبان دانی پر مسلمان بھی تعجب کرتے تھے۔ کبھی کبھی فارسی شعر بھی کہتے تھے۔ ان کا ایک شعر اکثر نقل کیا جاتا ہے:

دل خون نشدے چشم تو خنجر نشدے گر
رہ گم نشدے زلف تو ابتر نشدی گر

ٹوڈر مل: کھتری تھے۔ شیر شاہ کے عہد میں فارسی تعلیم حاصل کی اور دربار تک رسائی پائی۔ شیر شاہی کاروبار کے انقلاب کے بعد ٹوڈر مل اکبری نورتن میں شامل ہوئے۔ جہاں مال کا صیغہ ان کے ہاتھ آیا۔ ٹوڈر مل فارسی کے خوشخط کاتب تھے۔

رائے منوہر لال: یہ شہزادہ سلیم (جہانگیر) کے آغوش تربیت میں پل کر جوان ہوئے اور فارسی زبان میں اتنی اعلیٰ تعلیم حاصل کی کہ اہل تذکرہ اس کی تعریف و توصیف میں رطب اللسان ہیں۔

چندر بھان برہمن: یہ عہد شاہ جہانی کے سب سے بڑے غیر مسلم ادیب تھے۔ یہ پنجابی برہمن تھے۔ لاہور میں پیدا ہوئے تھے۔ ملا عبد الکریم کی شاگردی میں ان کے فضل و کمال نے نشو و نما حاصل کیا تھا۔ فارسی زبان کے شاعر تھے اور برہمن تخلص کرتے تھے۔ ان کا فارسی دیوان اب تک کتب خانوں میں موجود ہے۔ انھوں نے فارسی ادب میں بڑی مہارت حاصل کی تھی۔ افضل خان امیر الامرائے شاہ جہانی نے ان کی لیاقت و قابلیت کو دیکھ کر ان کو اپنا منشی خاص (پرائیوٹ سیکریٹری) بنایا تھا۔ ۱۰۴۸ھ میں افضل خان نے وفات پائی تو وہ دربار شاہی کے خاص

ملازمین میں داخل ہو گئے۔ اور دربار شاہ جہانی کا وقایع نویس یعنی شاہی تاریخ و روزنامچہ کے چیف ایڈیٹر مقرر ہوئے۔

اس عہد جلیلہ کے باعث وہ روزانہ بارگاہ شاہی میں حاضر ہو کر ہر روز کے مرتبہ واقعات سناتے تھے۔ ۱۰۵۵ھ میں چندر بھان نے 'چہار چمن برہمن' لکھ کر نوروز کے موقع پر سرہند میں دربار شاہ جہانی میں نذر کیا تو ان کی لیاقت اور ادب دانی کو دیکھ کر شہزادہ دارا شکوہ نے جو خاص طور پر غیر مسلموں کے جوہر کمال کا قدر دان تھا چندر بھان برہمن کو اپنے اعیان دربار میں داخل کر لیا اور اپنا میر منشی (چیف سیکریٹری) مقرر کیا۔ دارا شکوہ کی تباہی کے بعد حوادث زمانہ سے تنگ آ کر چندر بھان بنارس میں آ کر گوشہ نشیں ہو گئے اور یہیں ۱۰۷۳ھ میں راہی عدم ہوئے۔ تذکرہ 'عمل صالح' کے مصنف ان کو اپنے زمانے کے فضلائے ادب میں شمار کرتے ہیں۔

تذکرہ عمل صالح کے مصنف نے ان کے واقعات و منشات کا مجموعہ بھی فراہم کیا، اس کا نام 'منشات برہمن' ہے

ہر کرن داس: ان کے والد متھرا داس تھے۔ یہ ملتان کے رہنے والے تھے۔ کنبوں قوم سے تعلق رکھتے تھے۔ فارسی علم و ادب میں جو مہارت انھوں نے حاصل کی تھی، اس کی شہادت یہ ہے کہ وہ امرائے جہانگیری میں سے اعتبار خان صوبہ دار اکبر آباد کے میر منشی تھے۔ 'انشائے ہر کرن' کے نام سے انھوں نے فارسی ادب کی ایک کتاب لکھی تھی جو اب تک بعض کتب خانوں میں موجود ہے۔

وامق کھتری: یہ امرائے عالم گیری میں ایک بڑے عہدے پر فائز تھے۔ ان کی نظم و نثر اور فارسی ادب کی یہ دھوم تھی کہ شہنشاہ عالم گیر جو خود ایک بلند پایہ ادیب تھے۔ وامق کھتری کی تخلیقات اور کلام پر احسنت و آفریں کہتے تھے۔

شیو رام کائستھ: یہ اکبر آباد کے باشندہ تھے۔ ان کے والد نواب اسد خان وزیر عالم گیر کے میر منشی یعنی سیکریٹری تھے۔ شیو رام کائستھ مرزا بیدل کے شاگرد تھے۔ مرزا کے 'چہار عنصر' کا جواب 'گلگشت بہار ارم' کے نام سے لکھا تھا۔ انھوں نے ۱۱۴۴ھ میں دار فانی سے کوچ کیا۔

کنور پریم کشور: یہ راجہ جگل کشور کے پوتے تھے۔ شاعر، لطیفہ گو، سخن فہم، خوش نویس تھے اور چند مثنویوں کے مصنف بھی تھے۔

منشی لچھمن سنگھ: یہ بقال قوم کے فرد تھے۔ نہایت ہوش مند عاقل اور عربی و فارسی کے ادیب تھے۔ انھوں نے ایرانیوں کی صحبتوں سے فائدہ اٹھایا تھا اور مشہور ایرانی انشا پردازوں کے طریقے پر لکھتے تھے، ان کا ذکر صاحب تذکرہ 'خوش نویسیاں' یوں لکھتا ہے:

''مرد دانا، قابل در علم و ہنر، فارسی و عربی و عبارت پردازی خیلے مہارت و در صحبتِ مرزاہان ایران بسیار ماندہ دل و دماغ دیگر پیدا کردہ، و طور انشاء بر ویۂ طاہر وحید و طاہر دکنی دجلا لا اختیار کردہ۔''

خوش وقت رائے شاداب: یہ ذات کے کھتری تھے۔ ایک مشہور اور معزز خاندان کے فرد تھے۔ بچپن ہی سے لکھنے پڑھنے کا شوق تھا۔ آخر اس درجہ کمال حاصل کیا کہ اپنے زمانے کے قابل علما میں سمجھے جانے لگے ان کا ذکر فارسی کی کتابوں میں اس طرح آیا ہے:

''از ابتدائے عمر طبع را بہ تحصیل علم و ہنر راغب و مائل داشت و در اندک زماں در جمیع علم و ہنر آراستہ شد، در خصائل نیکو از ہمچشمان خود سبقت بردہ، در خویش نویسی کمال داشت۔''

رائے پریم چند: ان کا خاندان ایک مدت سے شاہی دفتر کا عہدہ دار رہا تھا۔ یہ خود شاہ عالم کے سرکاری دفتر کے مالک تھے۔ یہ خوشخطی و ادب دانی میں اپنے زمانے کے استاد یگانہ تھے۔

سکھ رام داس: ان کے والد کا نام نیل کنٹھ داس تھا۔ ان کا زمانہ متعین نہیں ہے۔ 'آمد نامہ بدیع' ان کی بہت مشہور تصنیف ہے۔ اس کتاب کے دیباچے سے معلوم ہوتا ہے کہ یہ اطراف لکھنو کے باشندہ تھے اور عہد شاہی میں قانون گوئی کے عہدے پر فائز تھے۔

نیر نرائن: ان کے والد کا نام چین رائے تھا۔ یہ قوم کے کھتری تھے۔ ان کا عرف سودہی تھا۔ یہ پنجاب کے رہنے والے تھے۔ فرخ سیر کے عہد میں محکم سنگھ ان کو منشی (سکریٹری) کے عہدے پر سرفراز کر کے اپنے ساتھ مارواڑ لے گیا۔ سفر کے دوران میں ان کو محمد طاہر کشمیری کی کتاب 'ہوش افزا' ملی۔ انھوں نے اس کو بغور پڑھا اور اس کی بنا پر ان کو قدیم ہند و عہد کے عجائبات اور مذہبی معجزانہ واقعات کو فارسی زبان میں لکھنے کا خیال پیدا ہوا۔ چناں چہ رامائن، مہابھارت، بھاگوت، ہری بنس وغیرہ سے انتخاب کر کے ۱۱۲۵ھ میں 'گلشن اسرار ربانی' کے نام سے ایک کتاب لکھنی شروع کی جو ۱۱۳۴ھ میں مکمل ہوئی۔

منشی جوہن لال منعم: یہ اکبر ثانی کے عہد میں تھے۔ ان کی تین مثنویاں 'مثنویات منعم' کے نام سے فارسی میں موجود ہیں۔ ان کا نام 'بہار عشق'، 'شاہ رخ' اور 'دلبر جہان' ہے۔ تحقیق کے مطابق یہ تینوں افسانے ہیں۔ ان میں سے 'شاہ رخ' اور 'دلبر جہان' کو 'منشی موہن لال منعم' نے اکبر ثانی کی نذر کیا تھا۔

منشی سجن رائے پوری: یہ شجاع الدولہ کے عہد میں ۱۱۶۷ھ میں راجہ رائے پور کے دربار میں ملازم تھے۔ منشی تخلص تھا اور قلم کے بھی منشی تھے۔ فن انشا پر انھوں نے ایک کتاب لکھی ہے، جس کا نام 'انشائے نیاز نامہ' رکھا تھا۔ اس کتاب کے تین حصے کیے گئے ہیں۔ (۱) عرائض (۲) رقائم (۳) ثمر ہائے متفرق

منشی جسونت رائے: یہ عالمگیر ثانی کے عہد میں تھے۔ 'گلشنِ بہار' کے نام سے انھوں نے ایک چمنِ ادب کھلایا ہے۔ مختلف لوگوں کے خطوط اس میں جمع کیے گئے ہیں، جن میں بکثرت سیاسی اور جنگی معلومات ہیں۔ منشی جسونت رائے ایک اچھے شاعر بھی تھے، منشی اپنا تخلص رکھتے تھے اور اسی نام سے ایک دیوان فارسی بھی چھوڑا ہے۔ یہ سن ۱۲۰۰ھ میں تھے۔

نہال چند لاہوری: یہ 'مذہب عشق' افسانے کے مصنف ہیں۔ 'مذہب عشق' میں مصنف کے حالات زندگی درج نہیں ہیں۔ اس لیے ان کی تفصیل معلوم نہیں ہوسکی۔

منشی خیالی رام: ان کا وطن لکھنو تھا، ان کا تخلص 'خیالی' تھا۔ یہ نظم و نثر کے اچھے استاد تھے۔ ان کا تعلق واجد علی شاہ کے دور سے تھا۔ ان کی تصنیفات کی تعداد ۱۰۰ سے زیادہ ہے۔

انھوں نے امیر خسرو کی سب سے مشکل کتاب 'اعجاز خسروی' کی شرح لکھی ہے۔

منشی مادھو رام: یہ دلی کے رہنے والے تھے اور فارسی زبان کے استاد تھے۔ ان کی مشہور کتاب 'انشائے مادھو رام' ہے۔ اس کتاب میں بادشاہوں، شہزادوں اور امرا کے نام خطوط ہیں۔ یہ کتاب پہلے نصاب فارسی میں داخل تھی۔

لچھمی نرائن: ان کے باپ کا نام مانی رام تھا۔ یہ سراج الدین آرزو کے شاگرد تھے۔ ان کا وطن لاہور تھا لیکن وہاں سے نکل کر دلی کو اپنا مسکن بنایا۔ درانی کے حملوں نے انھیں دہلی سے نکال کر بریلی اور پھر اورنگ آباد کی سیر کراتے ہوئے لکھنو پہنچا دیا۔ یہ فارسی کے نام ور انشا پرداز تھے۔ ان کے فارسی کے رقعے بہت مشہور ہیں ۱۲۰۵ھ میں انھوں نے ان رقعوں کو ترتیب دے کر 'رقعات لچھمی نرائن' کے نام سے شائع کیا۔

غرض فارسی ادب میں غیر مسلم شاعروں اور ادیبوں کی کثیر تعداد موجود ہے۔ مضمون کی طوالت کی وجہ سے یہاں چند ہی لوگوں کا ذکر کیا گیا ہے۔ ■

حکیمُ الامت اور عزیز الحسن مجذوب

ڈاکٹر فیض قاضی آبادی

حضرت اشرف علی تھانویؒ کے فیضِ صحبت نے جہاں اسلامی دنیا کے بڑے مفسرین و مبلغین داعیانِ دین (درسگاہوں کے) منتظمین و مدرسین وغیرہ دیے، وہیں شاعرِ عرفانیات کے لقب سے اُردو دنیا میں معروف عزیز الحسن مجذوب بھی حضرت تھانوی کا ایک ایسا انمول تحفہ ہے جسے شعروادب کی دنیا اور دینی حلقوں میں بہت دیر تک یاد رکھا جائے گا۔ ایسا بہت کم دیکھا گیا ہے کہ دنیاوی علوم کا پڑھا لکھا وہ بھی اعلیٰ تعلیم یافتہ کسی بوریہ نشیں کا اس قدر گرویدہ ہو جائے کہ حکومت سے بغیر تنخواہ لمبی رخصتی لے کر اسی کے در پر پڑا رہے اور جب مرشد کا انتقال ہو جائے تو غم سے نڈھال ہو جائے۔

خواجہ صاحب اور حضرت تھانویؒ صاحب کا تعلق امیر خسرو اور حضرت نظام الدین اولیا کی طرح تھا کہ ایک دوسرے کے بغیر بے قرار ہو جاتے تھے۔ یہ ایک دوسرے کے مرشد و مرید ہی نہ تھے بلکہ محبوب و محب بھی تھے۔ کہتے ہیں کہ صلحاو علما کی صحبت انسان کو مہذب بناتی ہے۔ مجذوب کو اپنے والد محترم کی تربیت نے ادب و اخلاق کے زینے طے کرائے تھے پھر جب حضرت تھانوی کے ارادت مندوں میں شامل ہو گئے تو اکسیر بن گئے۔ گریجویشن کے دوران میں تعلیم سے بے رغبتی ہونے لگی تو گھر والوں کو فکر لاحق ہوگئی کسی طرح حضرت تھانوی تک یہ بات پہنچ گئی تو انہوں نے مجذوب کو لکھ بھیجا۔ ''ایسے نہ بنو کہ دنیا تمھیں ناکارہ و بے عمل قرار دے۔ تعلیم کے جس کام میں لگے ہو اس میں اوروں سے بھی آگے بڑھنے کی کوشش کرو۔'' ایک دفعہ ڈپٹی کلکٹری کے امتحان کی تیاری طبع پہ ناگوار گذری اور پھر امتحان نہ دینے کا سوچ لیا۔ جب حضرت کو اس کی اطلاع ملی تو یوں نصیحت کی ''امتحان کو ضرور پاس کر لینا چاہیے تاکہ اہلِ دنیا کی نظر میں ذلت نہ ہو۔ اس مردار دنیا کو حاصل کرنے کے بعد چھوڑ دینا چاہیے۔ تارک الدنیا ہونا چاہیے نہ کہ متروک الدنیا۔'' پھر جب ڈپٹی کلکٹری کی نوکری مل گئی تو مقدمات کے مشورے حضرت تھانوی سے ہی کیا کرتے تھے۔ اور پھر شرعی احکام اور جزئیات پر لمبی گفتگو ہو جاتی تھی۔ ایک دفعہ اپنے مرشد سے شاعری چھوڑنے کا ذکر کیا تو انھوں نے فرمایا ''آپ یہ فن نہ بھول جائیں۔ یہ شاعری بھی کمال کی چیز ہے جس کا بھولنا ٹھیک نہیں۔'' لیکن جب مجذوب کا جوشِ شاعری زیادہ بڑھنے لگا اور ہر وقت شعر و شاعری کا شغل رہتا تو حضرت نے توبہ کرائی۔ لیکن کبھی کبھار اپنے دوست واحباب کے اصرار پر پھر لَے میں آجاتے تھے:

ہمیشہ ہم تو کر لیتے ہیں توبہ شعر خوانی سے
کریں کیا چھیڑ کر احباب پھر مجبور کرتے ہیں

ملازم ہمیشہ ترقی کا خواہاں ہوتا ہے۔ اُسے ہر وقت یہ فکر لاحق ہوتی ہے کہ کب اگلے گریڈ میں پہنچ جائے۔ لیکن یہ ایک مجذوب تھا جس نے گریڈ کے اعتبار سے تنزلی تو قبول کی لیکن سود کی ڈگری دینے سے انکار کیا۔ یعنی مجذوب کو ڈپٹی کلکٹری میں ہر ماہ ساڑھے تین سو روپے تنخواہ ملتی تھی۔ لیکن یہاں پر اُسے سود کے مقدمے طے کرنے ہوتے تھے جس کے لئے وہ تیار نہیں تھا۔ اس لیے حکومت نے اُن کا تبادلہ محکمہ ایجوکیشن میں بطور ڈپٹی انسپکٹر مدارس کے طور پر کر دیا۔ اس پوسٹ کے لئے انھیں ماہوار ڈیڑھ سو روپے تنخواہ مقرر ہوئی۔ مجذوب نے خوشی خوشی اس کو قبول کیا۔ دوستوں نے طعنہ دیا کہ انسان تو ترقی کی سوچتا ہے اور آپ نے تنزل کیا تو فرمایا:

کہنے کا ہم نشین مانتا میں بُرا نہیں
صاحب نظر کے سامنے ہائے ابھی پڑا نہیں

خواجہ صاحب اپنا زیادہ وقت حضرت کی صحبت میں گزارنے کو خوش قسمتی سمجھتے تھے۔ شیخ سے دوری ان کے لیے اضطراب قلب کا سبب ہو رہی

تھی اسی لئے حکومت سے لمبی چھٹیاں (کبھی بغیر تنخواہ اور کبھی نصف تنخواہ پر) لے کر حضرت کی صحبت میں آجاتے تھے۔ ان کے اپنے متعلقین اور رشتہ داروں پر یہ کبھی کبھار شاق گذرتا تھا۔ شاید اسی لئے ایک دفعہ حضرت تھانوی صاحب نے انہیں مجلس میں شرکت کی اجازت نہیں دی تو اس پر فرمایا ہے:

اُدھر وہ در نہ کھولیں گے اِدھر میں در نہ چھوڑوں گا
حکومت اپنی اپنی ہے کہیں اُن کی کہیں میری

حضرت شیخ سے انتہائی محبت کی یہ ایک ادنیٰ مثال ہے۔

مجذوب کو اس بات کا احساس تھا کہ انھیں اُس مرشد سے تعلق ہے جو اپنے وقت کا قطب ہے۔ چنانچہ اشرف السوانح میں فرماتے ہیں:

"الحمد للہ سب سے بڑا شرف جو احقر کو بفضلہٖ تعالیٰ حاصل ہے وہ یہ ہے کہ حضرت اشرف المخلوقات علیہ الصلوٰۃ والتحیات جیسے اشرف الرسل کی امت مسلمہ میں ہوں اور حضرت اشرف الزمن جیسے اشرف المشائخ کے ارادت مندوں میں ہوں۔" (جلد سوم ص۔ ۵۴۷)

یہ اشعار حسبِ حال ہیں:

ہے احد معبود اپنا اور نبی خیر الوریٰ
شیخ بھی ہے قطبِ دوراں میں تو اس قابل نہ تھا
کر رحم کہ نسبت ہے سرکارِ دو عالم سے
اور اس سے میں بیعت ہوں جو قطبِ زمانہ ہے

حضرت تھانوی کی صحبت میں جس نے بھی زانوئے تلمذ تہہ کیے اُسے بارگاہِ ایزدی میں ایک مقام مل گیا۔ اُن کے مطب میں ہر مریض نے شفا پائی۔ مریدین ترقی کرتے کرتے خود ہزاروں سالکین کے مرشد بن گئے۔ مجذوب جب نگاہِ ولی میں آگئے تو اُن کی کایا ہی پلٹ گئی ظاہر تا باطن ہر چیز بدل گئی۔ اُن کی سیرت وصورت سے اللہ اور اللہ والوں کی یاد تازہ ہو جانے لگی۔ بلند اخلاق و وسیع القلب ہو گئے۔ معاصر شعر او علما ادب واحترام کرنے لگے۔ پیر نے مجذوب کا لقب دیا۔ رسالہ المفتی دیوبند میں 'حافظ عصر' کے نام سے چھپتے رہے۔ نجم الحسن کاندھلوی نے شاعرِ عرفانیات کا لقب دیا۔ حضرت کی نظر نے ان کی شاعری میں وہ رس گھول دیا جو عجب کیف و سرور میں مست کرتی ہے۔ مجذوب مشہور و معروف ہو گئے اور اپنے دور کے ہر دینی و ادبی مجلس میں ان کا نام لیا جانے لگا۔ انھیں اس بات کا احساس ہو گیا کہ یہ سب کچھ حضرت تھانوی ہی کے فیضِ صحبت کا اثر ہے جس کا اظہار انھوں نے اپنے کلام میں جابجا ہے مثلاً:

میں ہوں اک ذرہ ناچیز میں کیا میری ہستی کیا
یہ ہے شیر مردِ تھانوی کا فیض روحانی

حضرت مجذوب کا کشکول کھولیے تو اشرفیوں کے ڈھیر لگ جائیں گے۔ اگر کشکول میں سے وہ اشعار الگ کئے جائیں جو انہوں نے اپنے مرشد کے متعلق لکھے ہیں تو الگ سے ایک مجموعہ تیار ہو جائے گا۔ اُن کی شاعری کا مقصد ہی حکیم الامت کی تعریف و توصیف بیان کرنا تھا:

اس انہماکِ شعر میں سچ ہے یہ معترض
اپنی خبر نہ پاس عزیز و قریب کا
مجذوب کو مگر نہیں مقصود شاعری
کوئی بہانہ چاہیے ذکر حبیب کا

پروفیسر احمد سعید نے غلط نہیں کہا ہے کہ "حضرت مجذوب شیخ کی شرابِ عشق میں سراپا مخمور تھے اور ان کا ہر موئے بدن شیخ کی ثنا وصفت کا ایک شعر تھا۔ جس پر ان کا کلام شاہد ہے۔"

حوضِ کوثر موجزن پیرِ مغاں کے دِل میں ہے
کس میں ہے وہ بات جو اس مرشدِ کامل میں ہے

جو اشرف تھا زمانے میں جو اشرف ہے زمانے میں
میں ایسے تیرے اشرف کی عقیدت لے کے آیا ہوں

مریدین حکیمُ الامت اور اُن کے تربیت یافتہ جب جب منبر پر کھڑے ہو کر اپنے مریدین و متعلقین کو کتاب و سنت کے گوہر پاروں سے آراستہ کرتے ہیں تو ساتھ میں حضرت تھانوی کے اقوال کو بھی گوہر پاروں کی تشریح کے ضمن میں بیان کرتے ہیں۔ لیکن مجذوب مرید ہونے کے

ساتھ ساتھ شاعر بھی تھے اس لیے اپنے شیخ کے اقوال کو شاعری میں منتقل کر کے حقِ مریدی کا ثبوت پیش کیا ہے۔ 'تعلیمات اشرفیہ منظوم' عنوان کے تحت تقریباً ایک سو ستائیس اشعار لکھ کر فنِ شاعری پر دسترس ہونے کا ثبوت دیا ہے۔ (کیوں کہ نثر پارے کو نظم میں ڈھالنا بہت مشکل ہے اور جو یہ کام بخوبی انجام دیتا ہے وہ اس فن کا ماہر کہلاتا ہے)

چند اشعار ملاحظ فرمائیں:

چار شرطیں لازمی ہیں استفاضہ کے لیے
اطلاع و اتباع و اعتقاد و انقیاد
یہ مقضٰی قول ہے رنگین بھی سنگین بھی
حضرت مرشد کا یہ ارشاد رکھ تا عمر یاد

اصلاح میں اپنی کر نہ سستی
ہمت پہ ہے منحصر درستی
فرما گئے ہیں حکیمُ الامت
سُستی کا علاج بس ہے چُستی

مجذوب دینی و ادبی حلقوں میں مشہور و معروف تھے اور ہر ایک کو معلوم تھا کہ ان کے عشق کی چنگاری کو ان کے شیخ نے ہی شعلہ بنا دیا اور یہ بھی جانتے تھے کہ مجذوب اپنے شیخ کے محبوب ترین مرید ہیں اس لئے بہت سارے لوگ ان کی وساطت سے ہی تھانوی صاحب کے حلقہ ارادت میں شامل ہو جانا چاہتے تھے۔ رئیس المتغزلین جگر مرادآبادی بھی مجذوب کی وساطت سے ہی حضرت شیخ کے مریدین میں شامل ہوئے تھے۔ ان ہی کے کہنے پر جگر نے شراب نوشی سے توبہ کی تھی۔ کئی علمائے دین بھی جو ابھی تک دور دور سے ہی تھانوی صاحب کے کمالات کا مشاہدہ کر رہے تھے اب باضابطہ حضرت کے معتقدین میں شامل ہونا چاہتے تھے۔ لیکن وہ یہ سعادت والا کام مجذوب کے ذریعے ہی تکمیل تک پہنچانا چاہتے تھے۔ حضرت مولانا مفتی جمیل احمد ان میں ایک خاص نام ہے۔ جمیل صاحب شاعر بھی تھے اس لیے ایک منظوم خط مجذوب کو لکھا جس میں انھوں نے حضرت تھانوی سے دور رہ کر اپنی محرومی کا اور بے نصیبی کا ذکر کیا ہے۔ اس کے جواب میں مجذوب نے منظوم انداز میں ہی جمیل صاحب کو بیعت ہونے اور ان سے روحانی فیض اُٹھانے کی دعوت دی ہے۔ جب جمیل صاحب لکھتے ہیں:

لوگ آتے ہیں ہوتے ہیں سیراب
اور میں ہوں کہ تشنہ برلب آب (مکتوب اول)
ایثار کیا یہی ہے پی پی گئے اکیلے
اور مُنہ سے یہ نہ نکلا اک جام تو
بھی لے لے (مکتوب دوم)

تو حضرت مجذوب نے جواب دیا:

فیضِ پیرِ مُغاں ہے سب کو عام
ہو بشرطِ کہ دل سے کوئی غلام

حضرت تھانوی کی حیات اور شخصیت پر کئی کتابیں لکھی گئی ہیں لیکن 'اشرف السوانح' ان سب میں جامع اور مستند مانی جاتی ہے جس کے مولف یہی عزیزُالحسن مجذوب ہیں۔ حضرت تھانوی کے حلقہ ارادت میں سینکڑوں جلیلُ القدر اور متبحر علما ہونے کے باوجود 'اشرف السوانح' کی تالیف کا کام مجذوب کو ہی سپرد کیا گیا چناں چہ فرماتے ہیں:

''تالیف اشرف السونح کا شرف مجھ جیسے ناکارہ کو حاصل ہو جانا محض موہبتِ خداوندی ہے... غرض یہ شرف احقر کی قسمت میں ازل ہی سے لکھ دیا گیا تھا۔''

یہ وہ کتاب ہے جس نے نہ صرف علما و صلحا کی سوانحی کتب میں اضافہ کیا بلکہ اس نے سالکین کے لیے مشعلِ راہ کا کام بھی کیا: 'اشرف السوانح' چار جلدوں پر مشتمل ہے۔ کہتے ہیں کہ حضرت خواجہ بیسوں صفحات لکھ کر حضرت کی خدمت میں ملاحظہ کے لیے پیش کرتے تو ان میں سے چند صفحات ہی منتخب کیے جاتے۔ اس کتاب کی یہ امتیازی شان ہے کہ یہ حضرت تھانوی کے لفظاً لفظاً ملاحظہ کے بعد شائع ہوگئی تھی۔ مجذوب فرماتے ہیں:

نہ سمجھنا کہ یہ فسانہ ہے
علم و حکمت کا اک خزانہ ہے
نام مجذوب اس کا تاریخی
سیرت اشرف زمانہ ہے

اس کتاب کے مکمل کرنے پر حضرت تھانوی نے مجذوب کو ایک کلاہ مرحمت فرمائی جس پر خود ہی یہ شعر تصنیف فرما کر کشیدہ کرا دیا:

سندے برائے جامع آن اشرف السوانح
کز حسن جا گرفتہ در قلب و در جوانح

(اس کے مرتب کے لیے یہ اشرف السوانح سند ہے کہ اس نے اپنے حسن کی وجہ سے دل وجان میں مقام حاصل کرلیا ہے۔)

حضرت تھانوی کے ہاں بھی مجذوب کا مقام کیا تھا اس کا اندازہ اس بات سے لگایا جا سکتا ہے کہ مجذوب کی غیر حاضری میں حلقہ مریدین جس میں ان کی خوب تعریف کرتے تھے ایک دفعہ فرمایا۔ "خواجہ صاحب سراپا دین اور عامل بالعزیمت، قانع، متواضع خلیفہ مجاز ہیں۔ دنیا کا کوئی شائبہ بھی ان میں نہیں۔ (ذکر مجذوب۔ پروفیسر احمد سعید، ص۔ ۵۲)

حضرت تھانوی علما کا تذکرہ کرتے تو انھیں اُن کے نام سے یاد کرتے یعنی مولوی محمد شفیع، مولوی محمد طیب، شبیر علی وغیرہ لیکن مجذوب کو "ہمارے خواجہ صاحب" کہہ کر پکارتے۔ حضرت تھانوی ان کے کلام کو بہت پسند کرتے تھے اور فرمایا کرتے "خواجہ صاحب کا کلام حال ہی حال ہے، قال کا نام نہیں۔"

اپنے ایک ملفوظ میں فرماتے ہیں: "خواجہ صاحب تصوف کے دقائق غمائض کو اپنے اشعار میں ادا کرتے ہیں۔"

حضرت تھانوی کو مجذوب کا یہ شعر:

ہر تمنا دل سے رخصت ہو گئی
اب تو آجا اب تو خلوت ہو گئی

بہت پسند تھا فرمایا کرتے "جب کبھی مجھ کو یہ شعر یاد آجاتا ہے تو کم از کم تین بار پڑھے بغیر سیری نہیں ہوتی۔" ایک دفعہ مجذوب سے فرمایا "اگر میرے پاس اتنی رقم ہوتی تو میں ایک لاکھ روپیہ آپ کو اس شعر کا انعام دیتا۔"

حضرت اشرف علی تھانوی کا جب بیاسی سال کی عمر میں ۱۱ جولائی ۱۹۴۳ء کو انتقال ہوا تو اس کے بعد صرف ایک سال تک زندہ رہے۔ مرشد کی جدائی سے دل وجگر غم سے لبریز ہو گئے۔ اس دوران میں جہاں بھی گئے اسی آفتاب ہدایت اور مرکز خلائق کی باتیں تھیں۔ حضرت کے انتقال کے بعد تو بہت کم لکھا لیکن جو کچھ لکھنے میں آیا حضرت شیخ کی توصیف و تعریف پر ہی مبنی تھا یا ان کی جدائی کا مرثیہ:

فنا اُسے کر سکے بھلا یہ اجل کی بھی دسترس کہاں ہے
وہ غیر منفک جو ایک ربطِ خفی میرے اُن کے درمیان ہے

اب اور کچھ ہے میرے دن رات کا عالم
ہر وقت ہے اب ان سے ملاقات کا عالم
اب دل میں شب و روز جو ہے ان کا تصور
فرقت میں بھی رہتا ہے ملاقات کا عالم

ایک سو اشعار پر مشتمل ایک زوردار مرثیہ لکھ کر نہ صرف لکھتے لکھتے خود روئے ہوں گے بلکہ اس مرثیہ کو جس نے بھی پڑھا ہو گا اُس کی آنکھ ضرور ڈبڈبائی ہو گی۔ یہ مرثیہ اس شعر سے شروع ہو کر:

ہوگئے ہم سے آہ رخصت آہ
شاہ اشرف علی حق آگاہ

ان دو اشعار پر ختم ہوتا ہے:

جو عرش معلیٰ ہے ضوبار ہردم
یہ ہے قبر کس عبدرب العلی کی
میں حیران ہی تھا کہ ہاتف نے پکارا
یہ رحلت ہے آج اشرف الاولیاء کی ■

اردو غزل میں حمدیہ عناصر

منزہ قیوم

گلشن میں صبا کو جستجو تیری ہے
بلبل کی زباں پہ گفتگو تیری ہے
ہر رنگ میں جلوہ ہے تیری قدرت کا
جس پھول کو سونگھتا ہوں بو تیری ہے

دنیا کا ہر فرد خواہ وہ کسی بھی مذہب، دین اور دھرم سے تعلق رکھتا ہو، اپنے خالق کی مدح سرائی شعوری یا غیر شعوری طور پر ضرور کرتا ہے۔ مدح کے لغوی معنی تعریف کرنے کے آتے ہیں۔ اصطلاح میں اللہ تعالیٰ کی تعریف و توصیف اور عظمت بیان کرنے کو 'حمد' کہتے ہیں۔ عربی اور فارسی کی طرح اردو میں بھی حمد کی روایت قدیم زمانے سے رہی ہے۔ وجہی، نصرتی، قلی قطب شاہ اور ولی وغیرہ دکنی شعرا کے یہاں سے ہوتے ہوئے یہ صنف دہلی پہنچی اور یہاں میر، سودا، درد اور سوز وغیرہ نے اس کی آبیاری کی۔ یہاں سے اس کی رسائی دبستان لکھنو تک ہوئی جہاں نسیم، آتش اور مصحفی وغیرہ نے اسے عروج بخشا۔ اس کے بعد یہ سلسلہ آگے بڑھتا رہا اور ذوق و غالب سے لے کر مومن تک اور اس کے بعد جدید غزل گو شعرا تک تقریباً سبھی کی شاعری میں یہ صنف باضابطہ موجود ہے یا ان کی غزلوں میں حمدیہ عناصر دیکھنے کو ملتے ہیں۔

اگر ہم حمد کے معتد بہ حصے کا جائزہ لیں تو یہ بات واضح ہو جاتی ہے کہ اس میں صفاتِ الٰہی کے مظاہر جو کائنات میں چہار سو بکھرے ہوئے ہیں، حسن و عالم سوز کی صورت میں، غنچوں اور طیور کی صورت میں، صبح نور اور فطرت کی متاثر کن نظاروں میں، انسانی حسن اور رشتوں کے حسن کی صورت میں، بہار اور خزاں کے حسن میں انھی کے لیے خدا کی تعریف کی جاتی ہے۔ اور یہ سب صفات ہیں۔ حمدیہ مضامین میں خدا کی تعریف، اس کی صفات کے پردوں کے حوالے سے کی جاتی ہیں۔

حمد عربی زبان کا لفظ ہے اس کے معنی 'تعریف' کے ہیں، اپنی زبان و قلم سے معبود حقیقی کی تعریف و توصیف بیان کرنے کو 'حمد' کہا جاتا ہے، اصطلاح میں شعری زبان میں اللہ تعالی کی تعریف و توصیف کو 'حمد' کہا جاتا ہے۔ لفظ 'حمد' کو اللہ تعالیٰ کی تعریف و توصیف کے لیے مخصوص کر دیا گیا ہے۔ حمدیہ شاعری مستقل ایک صنف کی حیثیت سے متعارف ہے۔ آج دنیا کی تقریباً تمام ہی زبانوں میں ہمیں اس کے نمونے دیکھنے کو ملتے ہیں۔

عربی زبان میں اسلام کی آمد کے بعد حمد کے بہت عمدہ نمونے دیکھنے کو ملتے ہیں۔ فارسی میں بھی حمدیہ نغموں کا سراغ اوستا سے ہی ملنے لگتا ہے۔ عرفی، سعدی، رومی اور جامی وغیرہ فارسی شعرا نے شان دار اور بلند پایہ حمدیہ شاعری کی ہے۔ اردو زبان میں شروع سے ہی حمدیہ شاعری کے نمونے دیکھنے کو ملتے ہیں۔ اس سے اندازہ لگایا جا سکتا ہے کہ اردو میں بھی حمدیہ شاعری کو ایک خاص مقام اور اہمیت حاصل ہے۔

دکن میں حمدیہ عناصر:

اردو شاعری کا باضابطہ آغاز پندرہویں صدی کے ابتدائی دور سے ہوتا ہے اور اسی دور سے ہمیں حمد کے نمونے ملنے لگتے ہیں۔ اردو کی باضابطہ پہلی شعری تصنیف یا پہلی مثنوی ہونے کا شرف نظامی کی 'کدم راؤ پدم راؤ' کو حاصل ہے، نظامی کی اس تصنیف کا آغاز ہی حمد سے ہوتا ہے۔

گسائیں تہیں ایک دنہ جگ ادار
بروبر دنہ جگ تہیں دینہار
اکاش انچہ پاتال دھرتی تہیں
جہاں کچہ نکوئی تہاں ہے تہیں

نظامی نے ان اشعار میں کہا ہے کہ "اے خدا! اس کائنات میں سہارا صرف تیری ہی ذات ہے، دوسری کوئی ہستی نہیں۔ اس کے علاوہ میراں جی شمس العشاق، شیخ بہاء الدین باجن، سید اشرف بیابانی، شاہ برہان الدین جانم، امین الدین اعلیٰ اور شیخ محمد چشتی کے یہاں بھی حمد کے عمدہ نمونے دیکھنے کو ملتے ہیں۔

جب سترہویں صدی کی ابتدا ہوئی تب شاعری خانقاہوں اور صوفیوں کے یہاں سے چل کر درباروں اور محلوں تک پہنچ گئی اور اب بادشاہ اور امرا بھی شاعری کرنے لگے۔ اس دور میں اردو کا پہلا صاحب دیوان شاعر قلی قطب شاہ، ابراہیم عادل شاہ ثانی، سلطان محمد عادل شاہ ثانی شاہی اور عبداللہ قطب شاہ وغیرہ شامل ہیں۔ دیکھیے قلی قطب شاہ کس خوب صورتی سے اللہ کی تجلیاتی صفات بیان کر رہے ہیں:

چندر سور تیرے نور تھے، نس دن کوں نورانی کیا
تیری صفت کن کر سکے، تو آپی میرا ہے جیا

دوسری جگہ دیکھیے:

تج نام منج آرام ہے، منج جیو سو تج نام ہے
سب جگ کوں تج سوں کام ہے تج نام جب مالا ہوا

ایک اور مثال دیکھیں جہاں اپنے شہر اور رعایا کے لیے خدا سے دعا کر رہے ہیں:

مرا شہر لوگاں سوں معمور رکھ
رکھیا جوں توں دریا میں من یا سمیع!

اس طرح اسی دور سے ہی ہمیں غزلوں میں حمدیہ عناصر دیکھنے کو ملتے ہیں۔ علی عادل شاہ ثانی شاہی کی ایک حمدیہ غزل کا نمونہ دیکھیے:

خاک کے پتلے بنا روح لے تن میں بھرا
چال چلا کر اول آپ سکھایا مگن
آب و آتش ملا خاک و ہوا تے کلا
چار عناصر لگا دیہ سنواریا ہمن

دکنی شعرا میں عبدل، حسن شوقی، عاشق دکنی اور غواصی وغیرہ قابل ذکر ہیں۔ ان کے یہاں بھی حمدیہ عناصر خوب دیکھنے کو ملتے ہیں۔ غواصی کا ایک شعر دیکھیے:

حمد و وفا کے کروں اس پر جواہر نثار
جس سے ہویدا ہوئے نار و نر و نور و نار

ابن نشاطی کے یہاں حمدیہ عناصر دیکھیے:

چمن کوں پھول سوں سنگار دیتا
گگن کوں کہکشاں کا ہار دیتا
توں رنگ آمیز کیتا ہے چمن کوں
دیا خوش بوی ہر یک پھولن کوں

دکن کے ممتاز شعرا میں ایک اہم نام ملا اسداللہ وجہی کا بھی ہے، ان کے یہاں بھی حمد کا انوکھا رنگ دیکھنے کو ملتا ہے:

توں اول توں آخر توں قادرا ہے
توں مالک توں باطن توں ظاہرا ہے
توں باقی تو مقسم توں ہادی توں نور
توں وارث توں منعم توں برتوں صبور

ملا نصرتی بھی دکن کے مقبول اور معروف شاعر ہیں۔ عادل شاہی دربار کا ملک الشعرا بھی بننے کا انھیں شرف حاصل ہوا ہے، دیکھیے کہ نصرتی نے شجاعت و دلیری اور جواں مردی کے مضمون کو حمد کا حصہ کس انداز سے بنایا ہے:

حمد اول ہے خدا کا کہ جنے روز اول
دیا ہے ہمت مرداں کو جو توفیق سوں بل
دیا اوچہ رستم کے پنجے میں زور
پڑیا ڈرتے جس دل میں دریا کے شور

دکنی شعرا میں ممتاز نام ولی دکنی کا ہے، ان کے یہاں تصوف کا رنگ بھی دیکھنے کو ملتا ہے۔ ولی کے حمدیہ اشعار دیکھیں کہ کس انداز سے جذب و شوق میں ڈوب کر ولی نے باری تعالیٰ کی ثنا خوانی کی ہے:

کیتا ہوں تیرے ناوو کوں ورد زباں کا
کیتا ہوں تیرے شکر کوں عنوان بیاں کا
جس گردا پر پاؤں رکھے تیرے رسولاں
اس گرد کوں میں کحل کروں دیدہ جاں کا

ولی کی غزل میں دوسری جگہ دیکھیے حمد کس انداز سے کی ہے:

عیاں ہے ہر طرف عالم میں حسن بے حجاب اس کا
بغیر از دیدہ حیراں نہیں جگ میں نقاب اس کا

سراج اورنگ آبادی بھی ولی کے معاصر دکنی شعرا میں سے ہیں۔ سراج کی غزلوں میں بھی حمد یہ عناصر دیکھنے کو ملتے ہیں۔ سراج کے یہاں حمد کے نمونے دیکھیے:

کہیں آپ دستا ہے محبوب ہو
کہیں آپ چھپتا ہے محجوب ہو

کہیں آپ معشوق ہو گل ہوا
کہیں آپ عاشق ہو بلبل ہوا

شمالی ہندستان میں حمدیہ عناصر:

اٹھارہویں صدی کی ابتدا میں ولی کی آمد سے شمالی ہندستان میں باضابطہ اردو میں شاعری کا سلسلہ شروع ہوا، اس سے پہلے شمالی ہند میں شعرا فارسی میں شاعری کر رہے تھے۔ ولی کے زیر اثر ہی یا ولی کے کلیات سے متاثر ہو کر حاتم، فائز اور آبرو وغیرہ نے اردو میں شاعری شروع کی، اسی وجہ سے ولی دکنی کو شمال اور جنوب کے درمیان کڑی کے طور پر جانا جاتا ہے۔ ولی کے عہد میں شمال میں ایک مشہور شاعر ہیں انعام اللہ خاں یقین، ان کے یہاں بھی حمد کے عمدہ نمونے ملتے ہیں:

کون کر سکتا ہے اس خلاق اکبر کی ثنا
نارسا ہے شان میں جس کے پیمبر کی ثنا
جور و ستم کا ان سے تعجب نہ کر یقین
یہ سنگ دل بتاں ہیں کچھ آخر خدا نہیں

حاتم کی غزلوں میں بھی حمدیہ عناصر دیکھنے کو ملتے ہیں:

جدا نئیں سب ستی تحقیق کر دیکھ
ملا ہے سب سے اور سب سے نیارا

اٹھارہویں صدی کے اہم شعرا میں ایک نام مرزا محمد رفیع سودا کا بھی ہے، مرزا کی غزل میں حمدیہ رنگ دیکھیے:

مقدور نہیں اس کی تجلی کے بیاں کا
جوں شمع سراپا ہو اگر صرف زباں کا
پردے کو تعین کے در دل سے اٹھا دے
کھلتا ہے ابھی پل میں طلسمات جہاں کا

دوسری جگہ دیکھیے کہ نسلی، مذہبی اور ملی اتحاد کو کس طریقے سے حمد کا حصہ بنایا ہے:

پروانہ تجلی وحدت ہو اور دیکھ
نور چراغ دیر ہے شمع حرم کے ساتھ

اس دور کے مشہور صوفی شاعر خواجہ میر درد ہیں۔ ان کی غزلوں میں بھی جا بجا حمدیہ عناصر دیکھنے کو ملتے ہیں:

جگ میں آکر ادھر ادھر دیکھا
تو ہی آیا نظر جدھر دیکھا
ہے جلوہ گاہ تیرا کیا غیب کیا شہادت
یاں بھی شہود تیرا واں بھی حضور تیرا
مجھے در سے اپنے تو ٹالے ہے، یہ بتا مجھے تو کہاں نہیں
کوئی اور بھی ہے ترے سوا؟ تو اگر نہیں تو جہاں نہیں

اس دور میں میر حسن اور شیخ قیام الدین قائم، اثر اور میر سوز کے یہاں بھی حمدیہ عناصر خوب دیکھنے کو ملتے ہیں۔ سوز کا ایک شعر دیکھیے:

اک نسخہ نویس اس کے مطب کا ہے مسیحا
ہے علم مداوا کے اسے سود و زیاں کا

اٹھارہویں صدی کا ایک اور مشہور شاعر جسے اردو دنیا خدائے سخن کے نام سے جانتی ہے، میر تقی میر کی غزلوں میں حمد کے متعدد رنگ دیکھنے کو ملتے ہیں، کہیں شوخی کرتے نظر آتے ہیں تو کہیں عقیدت کے پھول نچھاور کرتے ہیں:

تھا مستعار حسن سے اس کے جو نور تھا
خورشید میں بھی اس ہی کا ذرہ ظہور تھا

آیات حق ہیں سارے یہ ذرات کائنات
انکار تجھ کو ہووے سو اقرار کیوں نہ ہو

مشہور شاعر غلام ہمدانی مصحفی کی غزلوں میں بھی حمدیہ اشعار دیکھنے کو ملتے ہیں:

کیا حسن سے اس کے ہو خبر اہل زمیں کو
سورج نے بھی دیکھا نہیں جس پردہ نشیں کو

امام بخش ناسخ نے اپنے اسلوب، بلند آہنگی، معنی آفرینی، سنگلاخ زمین اور مشکل ترین قافیہ پیمائی کے ذریعے سے ایک الگ شناخت قائم کی تھی، ان کا دور تعیش پسندی اور لذت کوشی کا دور تھا، ان کی غزلوں میں بھی حمدیہ عناصر دیکھنے کو ملتے ہیں:

کیوں مرقع نہ کہیں دفتر کونین کو ہم
فرد وہ کون ہے جس میں تری تصویر نہیں
بتوں کے پردے میں ہم دیکھتے ہیں نور خدا
کہ صاف دیکھنے کی اے کلیم تاب نہیں

مومن خاں مومن کے یہاں حمدیہ عناصر دیکھیے:

نہ پوچھ گرمی شوق ثنا کی آتش افروزی
بنایا ماہ دست عجز شعلہ شمع فکرت کا
غضب سے تیرے ڈرتا ہوں رضا کی تیری خواہش ہے
نہ میں بیزار دوزخ سے نہ میں مشتاق جنت کا

شیخ ابراہیم ذوق کے یہاں دیکھیے:

کیا فائدہ فکر بیش و کم سے ہو گا
ہم کیا ہیں جو کوئی کام ہم سے ہو گا
جو کچھ کہ ہوا، ہوا کرم سے تیرے
جو کچھ ہو گا ترے کرم سے ہو گا

مرزا غالب کے یہاں بھی ہمیں حمد کے بہت سے نمونے دیکھنے کو ملتے ہیں:

اسے کون دیکھ سکتا کہ یگانہ ہے وہ یکتا
جو دوئی کی بو بھی ہوتی تو کہیں دو چار ہوتا
نہ تھا کچھ تو خدا تھا کچھ نہ ہوتا تو خدا ہوتا
ڈبویا مجھ کو ہونے نے، نہ ہوتا میں تو کیا ہوتا

الطاف حسین حالی:

کامل ہے جو ازل سے وہ ہے کمال تیرا
باقی ہے جو ابد تک وہ ہے جلال تیرا

اکبر الہ بادی کے یہاں دیکھیے عقیدت اور ایمان و اخلاص سب کچھ کا مشاہدہ کیا جا سکتا ہے:

تو ہے وہ برق تجلی کہ ترا نقش قدم
روکش آئینہ مہر جہاں تاب ہوا
تیرے جلوے سے ہوا حسن ظہور ایجاد
نعت تیرا سبب عالم اسباب ہوا
گل ہستی کو ترے رنگ نے زینت بخشی
چمن خلق ترے فیض سے شاداب ہوا

اصغر گونڈوی کی غزلوں میں حمدیہ عناصر دیکھیے:

سارے عالم میں تجھ کو کیا تلاش
تو ہی بتلا اے رگ گردن کہاں
ہر شے میں تو ہی تو ہے یہ بعد یہ حرماں ہے
صورت جو نہیں دیکھی یہ قرب رگ جاں ہے

علامہ اقبال، حسرت، جگر، ابراہیم اشک، قتیل شفائی، فیض، جوش، فانی اور دیگر شعرا کی غزلوں میں بھی حمدیہ عناصر تحسین و توصیف اور مدح و ثنا کی صورت میں ملتی ہیں۔ مجموعی طور پر دیکھا جائے تو اردو کی روایت میں حمدیہ کلام کا برتاؤ بطور عقیدت کم رہا ہے۔ اس کے برعکس بطور صنف اسے زیادہ برتا گیا ہے اور تقریباً ہر عہد کے شعرا نے اپنے اپنے طور پر اپنی محبت و عقیدت کے اظہار کا وسیلہ بنایا ہے۔ یہی وجہ ہے کہ عہد قدیم سے لے کر جدید دور تک اس کی روایت کی جڑ مضبوط نظر آتی ہے۔ ■

مذہب، کلچر اور ادب

ڈاکٹر حسن رضا

دنیا کے تمام آسمانی مذاہب ایمان بالغیب پر استوار ہیں۔ اسی ایمانی سرمائے کی بدولت انسان اس رزم گاہِ حیات میں اصلاً سرچشمہ خیر ہے۔ یہی ایمان قلبِ مومن کی زرخیز زمین پر ایک مضبوط عقیدے کی شکل میں تناور درخت بن کر خیر کے پھل پھول سے لدا ہوا ایک شجر سایہ دار بن جاتا ہے۔ جو فرد کو انسانیت کے لیے سراپا خیر اور رحمت بنا دیتا ہے۔ یہ ایمان جس نظام یقین (belief system) کی تشکیل کرتا ہے، اسی بلیف سسٹم (نظام تیقن) میں انسانی اخلاق کی رفعت و بلندی کا راز پوشیدہ ہے، اور اسی پر تصورِ حق اور خیر کا فطری قصر تعمیر ہوتا ہے۔ جس سے انسانی معاشرے میں ذوقِ جمال کی پرورش اور شعورِ جمال کی تربیت ہوتی ہے۔ اس کے برعکس الحاد و بے دینی اس بلیف سسٹم (نظام عقائد) کو ریب و شک کا دلدل بنا دیتے ہیں اور انسان کی عظمت کو خاک میں ملا دیتے ہیں۔ کیوں کہ انسانی فطرت میں ایک مستحکم بلیف سسٹم کے ٹوٹتے ہی انسان ایک مضبوط پناہ گاہ سے محروم ہو جاتا ہے نیز حیوانی جبلت کا اسیر ہو جاتا ہے۔ پھر حق و باطل، خیر و شر، حسن و قبح سب اضافی، نسبتی اور غیر یقینی ہو جاتے ہیں۔

قرآن اس بلیف سسٹم کو مخاطب اوّل بناتا ہے: الم ذالک الکتاب لاریب فیہ۔ (ترجمہ: الم۔ یہ اللہ کی کتاب ہے، اس میں کوئی شک نہیں۔ البقرہ:۱) اسی طرح رسول بھی اپنی قوم کو اسی بلیف سسٹم پر دعوت دیتا ہے۔ رسول اللہ ﷺ کے بارے میں تمام سیرت کی کتابوں میں یہ بات آتی ہے کہ آپ نے باضابطہ دعوت عام کا آغاز کیا تو مکہ کی قریبی پہاڑی صفا کی چوٹی پر کھڑے ہو گئے، اور قریش کے سرداروں کو آواز دی۔ سب جمع ہوئے تو آپ نے یہ نہیں کہا کہ آؤ میں تم کو دلیل کے ذریعے سے سمجھاتا ہوں کہ خدا ایک ہے، پاک اور بے عیب ہے، اور میں اس کا رسول ہوں۔ بلکہ پہلے قوم کے بلیف سسٹم کو حرکت میں لانے کے لیے انھوں نے دریافت کیا کہ اگر میں کہوں کہ پہاڑ کی اس طرف ایک فوج تم پر حملہ آور ہونے والی ہے تو تم یقین (Believe) کروگے؟ سبھوں نے کہا: ہاں... پھر آپ نے اپنا پیغام سنایا۔

خدا اور بندے کا رشتہ یعنی مذہب کی بنیاد اصلاً انسان کے نظام تیقن جو اس کی فطرت کا حصہ ہے، اس پر قائم ہوتا ہے۔ ویسے ریزن اور ریشن بھی بہت اہم ہیں لیکن فرد کے مکمل ارتقا، معاشرے کی ہمہ جہتی تشکیل اور آفاق و انفس کی پوری تعمیر اور تہذیب و تمدن کی کلی تزئین صرف ان کی بنیاد پر نہیں کی جاسکتی ہے۔ یہ شاخ نازک پر قصر تعمیر کرنے کے مترادف ہوگا، پھر یہ بھی حقیقت ہے کہ نظام تیقن (بلیف سسٹم) سے بے نیاز ہو کر فرد اور انسانی معاشرہ، اس کا ادب یعنی حق اور خیر کا لسانی اظہار اور کلچر، یعنی اس حق اور خیر کا عملی اظہار سب عقل عیار اور جبلت حیوانی کا اظہار یہ اور بیانیہ بن جاتا ہے، جو اس کے جمالیاتی، اخلاقی اور روحانی شعور کو دھیرے دھیرے بنجر اور کھوکھلا کر دیتا ہے۔

واضح رہے کہ انسان کا جو بلیف سسٹم ہے اس کی بناوٹ منطقی نہیں ہے، بلکہ فطری ہے۔ دوسرے لفظوں میں ہم کہہ سکتے ہیں کہ وہ اخلاقی اور روحانی ہے لیکن یہ بھی حقیقت ہے کہ تیقن کا یہ نظام محض اندھی تقلید نہیں ہے بلکہ وجدانی ہے۔جس میں ایک ایسا عنصر موجود ہے جو انسان کے منطق شعور کے لیے موجبِ اطمینان ہے، جس سے فکر انسانی کا قافلہ آگے بڑھتا ہے اور اجتہاد کا دروازہ کھلا رہتا ہے۔

جدید دور میں سائنس نے اس کا متبادل فراہم کرنے کی کوشش کی لیکن ناکام رہی۔ کیوں کہ اس کے پورے نظام فکر کی تشکیل ایمان بالغیب کے بجائے انکارِغیب پر قائم ہے۔ اسی کے ساتھ یہ ہمارے جمالیاتی شعور کو کند اور کرپٹ کر دیتا ہے۔ ادب اور آرٹ کہتے ہی ہیں ان مشاغل کو جو جمالیاتی مقاصد کو حاصل کرنے کے لیے کیے جائیں نیز یہ مشاغل ہماری جمالیاتی قوت اور جمالیاتی شعور سے انجام پاتے ہیں۔

جمالیاتی شعور کسی معاشرے میں پائے جانے والے تصورِ حق اور خیر کے ساتھ انسان کے متوازن اور متنوع باطنی رشتے کو کہتے ہیں۔حقیقت ہے کہ ہر تہذیب و ثقافت کا اپنا ایک تصورِ حق ہوتا ہے۔ ایک انسان جب اس تہذیب میں پلتا بڑھتا ہے تو اس کا داخلی و خارجی تعلق اس حق سے قائم ہوتا ہے جس کا اظہار اس کے ادب میں ہوتا ہے۔ یہ اظہار جتنا متوازن اور موزوں ہوتا ہے، اتنا وہ ادب اس معاشرے کی جمالیاتی تسکین کا باعث ہے۔ اس طرح اعلیٰ ادب فرد اور معاشرہ دونوں کے جمالیاتی شعور کی نشو ونما، تسکین اور تکمیل کا ذریعہ ہوتا ہے۔

پروفیسر ناصر عباس نیر کا یہ خیال بھی درست ہے کہ ”مغرب میں اس سائنسی تجربیت نے ایمان و اعتقاد کو مغربی انسان کی داخلی اور ثقافتی زندگی سے بے دخل (displace) کر دیا جو معتقدات فرد کی شخصیت کی تعمیر، ادراک کے زاویے اور احساسات کے سانچوں کو متعین کرتے تھے اور جو انسان کو کائنات، خدا اور سماج کے ساتھ تعلق کو مضبوط بنیاد فراہم کرتے تھے، باقی نہیں رہے۔“

دین و مذہب، ایمان و یقین، تصورِ حق اور خیر کے ساتھ انسانی رشتے سے پیدا ہونے والا شعورِ حسن و جمال اور ادب میں اس کے لسانی اظہار اور کلچر میں اس کے عملی اظہار کو سمجھنے کے بعد اب لسانیات کے پہلو سے اس حقیقت پر غور کیجیے۔ آپ پائیں گے کہ زبان کا پورا نظام بھی انسان کے بلیف سسٹم پر استوار اور قائم ہے اور یہ نکتہ مذہبی وجدان کو تقویت پہنچاتا ہے۔ لسانیات کا ادنیٰ طالب علم بھی جانتا ہے، جس کی نشان دہی فرڈینڈ ڈی سوسئر (Ferdinand de Saussure, 1857-1913) نے کی کہ زبان ایک ایسا نظام ہے جس کی بنیاد سائن (sign) پر ہے۔ اس کے دو حصے ہوتے ہیں، ایک اشارہ (signifier) دوسرا (signified) ہے، حرف ولفظ حقیقت کا سگنی فائر ہیں، حقیقت نہیں ہیں۔یعنی اصل حقیقت سگنی فائڈ ہے یعنی حرف ولفظ صرف نشان، آیت اور اس کی طرف اشارہ ہیں۔ اس کا مطلب صاف ہے کہ نشان جو ظاہر ہے وہ حقیقت نہیں ہے بلکہ جو غیاب میں ہے وہ اصل حقیقت ہے۔ مذہب کا بنیادی مقدمہ بھی یہی ہے کہ جو لوگ دین و مذہب سے غافل ہیں، وہ اصلاً يَعلَمُونَ ظَاهِرًا مِّنَ الحَيٰوةِ الدُّنيَا وَهُم عَنِ الاٰخِرَةِ هُم غٰفِلُونَ (ترجمہ: لوگ دُنیا کی زندگی کا بس ظاہری پہلو جانتے ہیں اور آخرت سے وہ خود ہی غافل ہیں۔) (الروم، ۷) یعنی دنیا کی ظاہر کو حقیقت سمجھتے ہیں اور سگنی فائڈ اور غیاب کی حقیقت سے غافل ہیں۔ زبان کی یہی خصوصیت انسان کی تخلیقی قوت اور جمالیاتی شعور سے ہم آہنگ ہو کر اسلامی ادب پارے کی تشکیل اور اس کے مختلف اسالیب کو جنم دیتی ہے۔ اس لیے یہ کہنا غلط نہیں ہوگا کہ ہر ادبی روایت کا بنیادی پتھر دراصل مذہبی شعور کا مرہون منت ہے۔ کیوں کہ ادب بنیادی طور پر غیاب کو حضور عطا کر کے دینی و اخلاقی شعور

کی تسکین کا سامان کرتا ہے۔ اس کے بلیف سسٹم کو تازہ اور سبز و شاداب رکھتا ہے اور اسی کے ساتھ حق کو حضوری عطا کر کے منطقی شعور کے لیے بھی لائق اعتماد بنا دیتا ہے۔

زبان کی اس حقیقت کو سمجھنے کے لیے جیسا کہ میں نے اوپر عرض کیا آواز و الفاظ کی ترتیب و ترکیب کے ذریعے سے تشکیل معنی کا جو نظام ہے، اس کی معنویت پر غور کرنا چاہیے تو اس راز کو سمجھنے میں آسانی ہوگی کہ زبان و ادب میں تشکیل معنی کی مختلف سطحیں اور آواز، حرف اور معنی کے باہمی رشتے اس تصور پر قائم ہوتے ہیں کہ ظاہر (signifier) حقیقی نہیں ہے غیب حقیقی ہے۔ علم لسانیات میں نشان (sign) حرف اور شے و معنی کی جو بحث ہے، اس کی بنیاد یہی ہے کہ جو ظاہر ہے وہ اس غیب کی طرف ایک قابل یقین اشارہ ہے جو signified ہے۔ لسانیات کی ابتدائی بحث میں جو مسلمات ہیں، ان کی روشنی میں شے اور لفظ کا رشتہ علامت اور حقیقت کا ہے۔ یہی بات مذہب آفاق و انفس کے بارے میں کہتا ہے کہ سب خدا کی نشانیاں ہیں بلکہ قرآن نے اختلاف زبان میں حقیقت کی جو وحدت ہے، اس کو خدا کی نشانی کہا ہے۔ وَمِنۡ اٰيٰتِهٖ خَلۡقُ السَّمٰوٰتِ وَالۡاَرۡضِ وَاخۡتِلَافُ اَلۡسِنَتِكُمۡ وَاَلۡوَانِكُمۡ‌ؕ اِنَّ فِىۡ ذٰلِكَ لَاٰيٰتٍ لِّلۡعٰلِمِيۡنَ۔ (ترجمہ: اور اس کی نشانیوں میں سے آسمانوں اور زمین کی پیدائش، اور تمھاری زبانوں اور تمھارے رنگوں کا اختلاف ہے۔ یقیناً اس میں بہت سی نشانیاں ہیں دانش مند لوگوں کے لیے۔) (الروم، ۲۲)۔ اس سے معلوم ہوتا ہے کہ زبانوں کا اختلاف ایک ظاہری تنوع ہے، سب کی حقیقت ایک ہے۔ سب سگنی فائڈ اور سگنی فائر کے اصول پر قائم ہیں۔ اس طرح زبان بھی انسانی سماج کے بلیف سسٹم پر استوار ہے۔

الرحمٰن علم القرآن خلق الانسان علمه البيان۔ (ترجمہ: رحمن نے اس قرآن کی تعلیم دی ہے، اسی نے انسان کو پیدا کیا، اور اسے بولنا سکھایا۔) (الرحمن، ۱-۴) کو اب اسی شعور کے ساتھ تلاوت کیجیے اور دین و ادب کے فطری رشتے پر غور کیجیے۔ تب سورہ رحمان کی تفہیم آپ کے شعور و لاشعور میں نغمہ زن ہوگی اور آپ پکار اٹھیں گے فبایّ آلائ ربکما تکذبان۔ واقیموا الوزن بالقسط ولا تخسروا المیزان۔

یہی توحید کا نکھرا ہوا تصور اور اس سے حقیقی رشتہ مذہب کی بنیاد ہے۔ جو انبیا علیہم السلام لے کر آتے رہے ہیں اور اس حوالے سے تعلقات کی جو دنیا آباد ہوتی ہے، اس کا لسانی اظہار تعمیری ادب یا اخلاقی ادب کہلاتا ہے بلکہ دنیا کے تمام کلاسیکی ادب کا سرچشمہ اسی رشتے کا جمالیاتی اظہار ہے۔ اگر ہندستان کی تمام اہم زبانوں کے ادب میں اس حقیقت کا سراغ لگا کر ادب کی اخلاقی روح کو تازہ اور اس کی تعمیری جہت کو متحرک کیا جائے تو یہ کام اصلاً ادارہ ادب اسلامی ہند کے کرنے کا ہے۔ حوصلہ مند نوجوانوں کو جنوب اور شمال کی زبانوں کے ادب بالخصوص سنسکرت، پالی، تامل اور دراوڑی قبائل کی دیگر زبانوں کے ساتھ ہند آریائی زبانوں کی مختلف شاخوں کے ادب کا مطالعہ کرنا چاہیے اور اس کو اس کے اصل سرچشموں کی نشان دہی کرنی چاہیے تا کہ اسلامی ادب اور دین کا جو رشتہ ہے، وہ ظاہر یعنی متحقق ہو جائے۔ ■

اردو شعر و ادب و صحافت کے تجزیوں کا ایک اور مجموعہ

ادبی جائزے و تبصرے

مرتبہ : سید حیدرآبادی

بین الاقوامی ایڈیشن منظر عام پر آچکا ہے